总主编：赵成会　周生利

悦读
实践 习作

主编：毛媛　柳亮

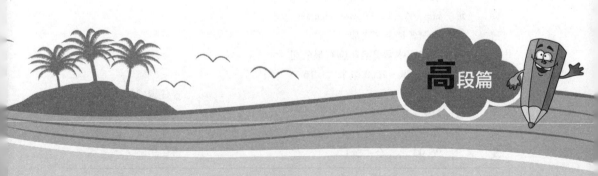

高段篇

北京理工大学出版社
BEIJING INSTITUTE OF TECHNOLOGY PRESS

版权专有 侵权必究

图书在版编目（CIP）数据

悦读 实践 习作. 高段篇 / 毛媛，柳亮主编. —北京：北京理工大学出版社，2019.12

ISBN 978-7-5682-8034-1

Ⅰ.①悦… Ⅱ.①毛… ②柳… Ⅲ.①作文课-小学-课外读物 Ⅳ.①G624.243

中国版本图书馆 CIP 数据核字（2019）第 299252 号

出版发行 / 北京理工大学出版社有限责任公司	
社　　址 / 北京市海淀区中关村南大街 5 号	
邮　　编 / 100081	
电　　话 /（010）68914775（总编室）	
（010）82562903（教材售后服务热线）	
（010）68948351（其他图书服务热线）	
网　　址 / http：//www.bitpress.com.cn	
经　　销 / 全国各地新华书店	
印　　刷 / 保定市中画美凯印刷有限公司	
开　　本 / 710 毫米 × 1000 毫米　1/16	
印　　张 / 8.75	责任编辑 / 申玉琴
字　　数 / 119 千字	文案编辑 / 申玉琴
版　　次 / 2019 年 12 月第 1 版　2019 年 12 月第 1 次印刷	责任校对 / 周瑞红
定　　价 / 96.00 元（全三册）	责任印制 / 李志强

图书出现印装质量问题，请拨打售后服务热线，本社负责调换

编委会

总主编：赵成会　周生利

主　编：毛　媛　柳　亮

编　委：

毛　媛　王宁宁　任静婷　刘　猛　孙桂香

李　潼　周生利　赵　然　柳　亮　柴晓霞

黄文凭　景文庆　董海宁　沙文军

美术设计：张春涵　张　珅

表达浓厚亲情 …………………… 1

真情感 巧表达 …………………… 20

忆凡事 话真情 …………………… 41

巧排序 条理清 …………………… 55

写景物 表情感 …………………… 72

重顺序 揽人文 …………………… 85

借事物 悟情理 …………………… 105

勤观察 善发现 …………………… 120

表达浓厚亲情

"亲情"是亲人之间的感情,是父母之爱,是手足之情,是长幼之间的疼爱与敬爱,是亲人之间的互爱与牵挂……亲情如一汪清泉,永远在我们心谷潺湲,我们便攀缘成一株永不衰败的牵牛花,在家门前那堵不倒的竹篱笆上,朝着敞开的家门,芬芳屋里的每一道墙缝。即使沿着蜿蜒的山路,走进繁华的都市,心灵依然栖息在城外之郭的农家茅舍,灵魂深处仍牵挂着挚爱我们的亲人朋友。

【范文欣赏】

范文1

背影

我与父亲不相见已二年余了,我最不能忘记的是他的背影。

那年冬天,祖母死了,父亲的差使也交卸了,正是祸不单行的日子。我从北京到徐州,打算跟着父亲奔丧回家。到徐州见着父亲,看见满院狼藉的东西,又想起祖母,不禁簌簌地流下眼泪。父亲说:"事已如此,不必难过,好在天无绝人之路!"

回家变卖典质,父亲还了亏空;又借钱办了丧事。这些日子,家中光景很是惨淡,一半为了丧事,一半为了父亲赋闲。丧事完毕,父亲要到南京谋事,我也要回北京念书,我们便同行。

到南京时,有朋友约去游逛,勾留了一日;第二日上午便须渡江到浦口,下午上车北去。父亲因为事忙,本已说定不送我,叫旅馆里一个熟识的茶房陪我同去。他再三嘱咐茶房,甚是仔细。但他终于不放心,怕茶房不妥帖;颇踌躇了一会。其实我那年已二十岁,北京已来往过两三次，是没有什么要紧的了。他踌躇了一会，终于决定还是自己送我去。我再三劝他不必去；他只说："不要紧，他们去不好！"

我们过了江，进了车站。我买票，他忙着照看行李。行李太多，得向脚夫行些小费，才可过去。他便又忙着和他们讲价钱。我那时真是聪明过分，总觉他说话不大漂亮，非自己插嘴不可，但他终于讲定了价钱；就送我上车。他给我拣定了靠车门的一张椅子；我将他给我做的紫毛大衣铺好座位。他嘱我路上小心，夜里要警醒些，不要受凉。又嘱托茶房好好照应我。我心里暗笑他的迂；他们只认得钱，托他们只是白托！而且我这样大年纪的人，难道还不能料理自己么？我现在想想，我那时真是太聪明了。

我说道："爸爸，你走吧。"他望车外看了看，说："我买几个橘子去。你就在此地，不要走动。"我看那边月台的栅栏外有几个卖东西的等着顾客。走到那边月台，须穿过铁道，须跳下去又爬上去。父亲是一个胖子，走过去自然要费事些。我本来要去的，他不肯，只好让他去。我看见他戴着黑布小帽，穿着黑布大马褂，深青布棉袍，蹒跚地走到铁道边，慢慢探身下去，尚不大难。可是他穿过铁道，要爬上那边月台，就不容易了。他用两手攀着上面，两脚再向上缩；他肥胖的身子向左微倾，显出努力的样子。这时我看见他的背影，我的泪很快地流下来了。我赶紧拭干了泪，怕他看见，也怕别人看见。我再向外看时，他已抱了朱红的橘子往回走了。过铁道时，他先将橘子散放在地上，自己慢慢爬下，再抱起橘子走。到这边时，我赶紧去搀他。他和我走到车上，将橘子一股脑儿放在我的皮大衣上。于是扑扑衣上的泥土，心里很轻松似的。过一会儿说："我走了，到那边来信！"我望着他走出去。他走了几步，回过头看见我，说："进去吧，里边没人。"等他的背影混入来来往往的人里，再找不着了，我便进来坐下，我的眼泪又来了。

近几年来，父亲和我都是东奔西走，家中光景是一日不如一日。他少年出外谋生，独力支持，做了许多大事。哪知老境却如此颓唐！他触目伤怀，自然情不能自已。情郁于中，自然要发之于外；家庭琐屑便往往触他之怒。他待我渐渐不同往日。但最近两年不见，他终于忘却我的不好,只是惦记着我,惦记着他的儿子。我北来后,他写了一信给我,信中说道:"我身体平安,惟膀子疼痛厉害,举箸提笔,诸多不便,大约大去之期不远矣。"我读到此处,在晶莹的泪光中,又看见那肥胖的、青布棉袍、黑布马褂的背影。唉!我不知何时再能与他相见!

> 作者:朱自清(1898—1948年),原名自华,号秋实,后改名自清,字佩弦,近代散文家、诗人、学者、民主战士。作品有《桨声灯影里的秦淮河》《绿》《松堂游记》《扬州的夏日》《蒙自杂记》《匆匆》《春》《歌声》《荷塘月色》《择偶记》《飞》《谈抽烟》《说话》《沉默》《撩天》《正义》《论自己》等。

范文2

奶奶的星星(节选)

世界给我的第一个记忆是:我躺在奶奶怀里,拼命地哭,打着挺儿,也不知道是为了什么,哭得好伤心。窗外的山墙上剥落了一块灰皮,形状像个难看的老头儿。奶奶搂着我,拍着我,"噢——,噢——"地哼着。我倒更觉得委屈起来。"你听!"奶奶忽然说,"你快听,听见了么?"我愣愣地听,不哭了,听见了一种美妙的声音,飘飘的、缓缓的,……是鸽哨儿?是秋风?是落叶划过屋檐?或者,只是奶奶在轻轻地哼唱?直到现在我还是说不清。"噢噢——睡觉吧,麻猴来了我打它……"那是奶奶的催眠曲。屋顶上有一片晃动的光影,是水盆里的水反射的阳光。光影也那么飘飘的、缓缓的,变幻成和平的梦境,我在奶奶怀里安稳地睡熟……

我是奶奶带大的。不知有多少人当着我的面对奶奶说过:"奶奶带起来的,长大了也忘不了奶奶。"那时候我懂些事了,趴在奶奶膝头,用小眼睛瞪那些说话的人,心想:"瞧你那讨厌样儿吧!"翻译成孩子还不能掌握的语言就是:"这话用你说么?"

奶奶紧紧地把我搂在怀里,笑笑:"等不到那会儿哟!"仿佛已经满足了的样子。

"等不到哪会儿呀?"我问。

"等不到你孝敬奶奶一把铁蚕豆。"

我笑个没完。我知道她不是真那么想。不过我总想不好,等我挣了钱给她买什么。爸爸、大伯、叔叔给她买什么,她都是说:"用不着花那么多钱买这个。"

奶奶最喜欢的是我给她踩腰、踩背。一到晚上,她常常腰疼、背疼,就叫我站到她身上去,来来回回地踩。她趴在床上"哎哟哎哟"的,还一个劲夸我:"小脚丫踩上去,软软乎乎的,真好受。"我可是最不耐烦干这个,她的腰和背可真是漫长啊。"行了吧?"我问。"再踩两趟。"我大踏步地踩了两个来回:"行了吧?""哎,行了。"我赶快下地,穿鞋,逃跑……于是我说:"长大了我还给您踩腰。""哟,那还不把我踩死?"过了一会我又问:"您干嘛等不到那会儿呀?"

"老了,还不死?"

"死了就怎么了?"

"那你就再也找不着奶奶了。"

我不嚷了,也不问了,老老实实依偎在奶奶怀里。那又是世界给我的第一个可怕的印象。

一个冬天的下午,一觉醒来,不见了奶奶,我扒着窗台喊她,窗外是风和雪。"奶奶出门儿了,去看姨奶奶。"我不信,奶奶去姨奶奶家总是带着我的;我整整哭喊了一个下午,妈妈、爸爸、邻居们谁也哄不住,直到晚上奶奶出我意料地回来。这事大概没人记得住了,也没人知道我那时想到了什么。小时候,奶奶吓唬我的最好办法,就是说:"再不听话,奶奶就死了!"

夏夜,满天星斗。奶奶讲的故事与众不同,她不是说地上死一个人,天上就熄灭了一颗星星,而是说,地上死一个人,天上就又多了一颗星星。

"怎么呢?"

"人死了,就变成一颗星星。"

"干嘛变成星星呀?"

"给走夜道儿的人照个亮儿……"

我们坐在庭院里,草茉莉都开了,各种颜色的小喇叭,掐一朵放在嘴上吹,有时候能吹响。奶奶用大芭蕉扇给我轰蚊子。凉凉的风,蓝蓝的天,闪闪的星星,永远留在我的记忆里。

那时候我还不懂得问,是不是每个人死了都可以变成星星,都能给活着的人把路照亮。

奶奶已经死了好多年。她带大的孙子忘不了她。尽管我现在想起她讲的故事,知道那是神话,但到夏天的晚上,我却时常还像孩子那样,仰着脸,揣摩哪一颗星星是奶奶的……我慢慢去想奶奶讲的那个神话,我慢慢相信,每一个活过的人,都能给后人的路途上添些光亮,也许是一颗巨星,也许是一把火炬,也许只是一支含泪的蜡烛……

> 作者:史铁生(1951—2010年),作家。作品有短篇小说《绿色的梦》《神童》《树林里的上帝》,中篇小说《插队的故事》《山顶上的传说》《礼拜日》,长篇小说《务虚笔记》《我的丁一之旅》,散文《我与地坛》《合欢树》等。

范文3

我的母亲

中国文化馆要我写一篇《我的母亲》,并寄我母亲的照片一张。照片我有一张四寸的肖像,一向挂在我的书桌的对面。已有放大的挂在堂上,这一张小的不妨送人。但是《我的母亲》一文从何处说起呢?看看母亲的肖像,想起了母亲的坐姿。母亲生前没有摄取坐像的照片,但这姿态清楚地摄入在我脑海中的底片上，不过没有晒出。现在就用笔墨代替显影液和定影液，把我母亲的坐像晒出来吧。

我的母亲坐在我家老屋的西北角里的八仙椅子上，眼睛里发出严肃的光辉，口角上表出慈爱的笑容。

老屋的西北角里的八仙椅子，是母亲的老位子。从我小时候直到她逝世前数月，母亲空下来总是坐在这把椅子上，这是很不舒服的一个座位：我家的老屋是一所三开间的楼厅，右边是我的堂兄家，左边一间是我的堂叔家，中央一间是我家。但是没有板壁隔开，只拿在左右的两排八仙椅子当作三份人家的界限。所以母亲坐的椅子，背后凌空。若是沙发椅子，三面是柔软的厚壁，凌空原无妨碍。但我家的八仙椅子是木造的，坐板和靠背成九十度角，靠背只是疏疏的几根木条，其高只及人的肩膀。母亲坐着没处搁头，很不安稳。母亲又防椅子的脚摆在泥土上要霉烂，用二三寸高的木座子衬在椅子脚下，因此这只八仙椅子特别高，母亲坐上去两脚须得挂空，很不便利。所谓西北角，就是左边最里面的一只椅子。这椅子的里面就是通过退堂的门。退堂里就是灶间。母亲坐在椅子上向里面顾，可以看见灶头。风从里面吹出的时候，烟灰和油气都吹在母亲身上，很不卫生。堂前隔着三四尺阔的一条天井便是墙门。墙外面便是我们的染坊店。母亲坐在椅子里向外面望，可以看见杂沓往来的顾客，听到沸反盈天的市井声，很不清静。但我的母亲一向坐在我家老屋西北角里的这样不安稳、不便利、不卫生、不清静的一只八仙椅子上，眼睛发出严肃的光辉，口角上表出慈爱的笑容。母亲为什么老是坐在这样不舒服的椅子里呢？因为这位子在我家中最为重要。母亲坐在这位子里可以顾到灶上，又可以顾到店里。母亲为兼顾内外，便顾不到座位的安稳不安稳，便利不便利，卫生不卫生，清静不清静了。

我四岁时，父亲中了举人，同年祖母逝世，父亲丁艰在家，郁郁不乐，以诗酒自娱，不管家事，丁艰终而科举废，父亲就从此隐遁。这期间家事店事，内外都归母亲一人兼理。我从书堂出来，照例走向坐在西北角里的椅子上的母亲的身边，向她讨点东西吃吃。母亲口角上表出亲爱的笑容，伸手除下挂在椅子头顶的"饿杀猫篮"，拿起饼饵给我吃；同时眼睛里发出严肃的光辉，给我几句勉励。

我九岁的时候，父亲遗下了母亲和我们姐弟六人、薄田数亩和染坊店一间而逝世。我家内外一切责任全部归母亲负担。此后她坐在那椅子上的时间愈加多了。工人们常来坐在里面的凳子上，同母亲谈家事；店伙们常来坐在外面的椅子上，同母亲谈店事；父亲的朋友和亲戚邻人常来坐在对面的椅子上，同母亲交涉或应酬。我从学堂里放假回家，又照例走向西北角里的椅子边，同母亲讨个铜板。有时这四班人同时来到，使得母亲招架不住，于是她用了眼睛的严肃的光辉来命令，警戒，或交涉；同时又用了口角上的慈爱的笑容来劝勉，抚爱，或应酬。当时的我看惯了这种光景，以为母亲是天生坐在这只椅子上的，而且天生有四班人向她缠绕不清的。

我十七岁离开母亲，到远方求学。临行的时候，母亲眼睛里发出严肃的光辉，诚告我待人接物求学立身的大道；口角上表出慈爱的笑容，关照我起居饮食一切的细事。她给我准备学费，她给我置备行李，她给我制一罐猪油炒米粉，放在我的网篮里；她给我做一个小线板，上面插两只引线放在我的箱子里，然后送我出门。放假归来的时候，我一进店门，就望见母亲坐在西北角里的八仙椅子上。她欢迎我归家，口角上表出慈爱的笑容，她探问我的学业，眼睛里发出严肃的光辉。晚上她亲自上灶，烧些我所爱吃的菜蔬给我吃，灯下她详询我的学校生活，加以勉励，教训，或责备。

我廿二岁毕业后，赴远方服务，不克依居母亲膝下，唯假期归省。每次归家，依然看见母亲坐在西北角里的椅子上，眼睛里发出严肃的光辉，口角上表出慈爱的笑容。她像贤主一般招待我，又像良师一般教训我。

我三十岁时，弃职归家，读书著述奉母。母亲还是每天坐在西北角里的八仙椅子上，眼睛里发出严肃的光辉，口角上表出慈爱的笑容。只是她的头发已由灰白渐渐转成银白了。

我三十三岁时，母亲逝世。我家老屋西北角里的八仙椅子上，从此不再有我母亲坐着了。然而我每逢看见这只椅子的时候,脑际一定浮出母亲的坐像——眼睛里发出严肃的光辉,口角上表出慈爱的笑容。她是我的母亲,同时又是我的父亲。她以一身任严父兼慈母之职而训诲我,抚养我,我从呱呱坠地的时候直到三十三岁,不,直到现在。陶渊明诗云:"昔闻长者言,掩耳每不喜。"我也犯这个毛病;我曾经全部接受了母亲的慈爱,但不会全部接受她的训诲。所以现在我每次在想象中瞻望母亲的坐像,对于她口角上的慈爱的笑容觉得十分感谢,对于她眼睛里的严肃的光辉,觉得十分恐惧。这光辉每次给我以深刻的警惕和有力的勉励。

> 作者:丰子恺(1898—1975年),现代散文家、美术教育家、音乐教育家、漫画家、书法家和翻译家。作品有《子恺画集》《艺术趣味》《绘画与文学》《丰子恺创作选》《子恺近作散文集》《艺术与人生》等。《手指》《白鹅》《竹影》《山中避雨》《给我的孩子们》《黄山松》《云霓》《送考》等文被选入中小学教材。

【范文解读】

《背影》赏析

《背影》是现代作家朱自清于1925年所写的一篇回忆性散文。这篇散文被称为"天地间第一等至情文学",值得我们不断咀嚼,不断学习!

认真读后,你是不是发现这篇散文有以下几大特点:

第一,构思巧妙,布局凝练。

首先,作者把描写的焦点投放在一个普通而典型的细节——父亲的"背影"上。文章四次提到"背影",却没有平均着墨,而是浓淡相宜,虚实结合。开头以"背影"点题。第二次是父亲为"我"买橘子时的"背影",这次作者用笔较重,具体细致,实中有虚。第三次是父亲离开车站一刹那的"背影",只淡淡地虚带一句"他的背影混入来来往往的人里",就将父子不忍分离的悲酸怅惘活化了。第四次是结尾处,作者引用父亲来信的文字,道出了父亲晚年凄凉、无奈和颓唐的心境,泪眼蒙眬中似乎看见了父亲的"背影"。其次,引用父亲的信,作者不是放在开头引起回忆,而是放到结尾,升华主题,真是别具匠心,体现了作者"大道至简""大象无形"的布局功力!

第二,描写细致,简洁有力。

作者没有静止地描写父亲的背影,而是层次分明地进行了立体描写。作者先描摹父亲买橘子的动作:父亲步履蹒跚地"走到铁道边""探下身""穿过铁道""爬上那边月台""两手攀着""两脚再向上缩""向左微倾"……一连串复杂的动作,留下了最有典型意义的镜头,把父亲明知自己行动不便,仍坚持为儿子买橘子的爱子深情描述了出来,也把作者的心理变化表现了出来,更是引起了读者感情上的共鸣。

第三,叙事抒情,有机结合。

对父亲的思念和感恩,作者通篇文字是通过追叙的方式表达的,文中两次自责:"我那时真是聪明过分""我那时真是太聪明了",用自己的幼稚反衬父亲的伟大。"哪知老境却如此颓唐!""哎!我不知何时能再能与他相见!"既表达了对父亲的怜惜和眷念,又体现了作者对恶劣的社会现状的强烈不满!

《奶奶的星星》 赏析[①]

《奶奶的星星》这篇小说是史铁生初期的佳作,充满着人情人性的色彩,是对亲人的深情怀念。小说用的却是散文化的笔法和第一人称的叙述方式,蕴涵了真实的情感力量。

《奶奶的星星》荣获1984年全国优秀短篇小说奖,这篇作品风格清新、温馨,富有哲理和幽默感。

---

① 选自张宗明的《感悟亲情,品味人性——史铁生〈奶奶的星星〉赏析》,有改动。

第一、题目富诗意

标题"奶奶的星星"既点明写作对象，又蕴含了奶奶的美德和奶奶在"我"心中的地位，寄托了"我"对奶奶的敬仰与怀念之情。

第二、线索引领清

以第一人称"我"的成长为线索，叙述了"我"孩提时代与奶奶一起生活的片段，表达出"我"与奶奶之间深厚的感情，从中刻画了奶奶淳朴、善良、乐于奉献的高大形象，让读者与"我"感同身受，令人敬仰与怀念。所选素材寄托了作者对"温暖和爱"的渴望。

第三、表达形式多

小说采用了多种表达方式。如"心想：'瞧你们那讨厌样儿吧。'翻译成孩子还不能掌握的语言就是：'这话用你们说么'"一句是解释说明，突出了儿时"我"的聪颖与淘气。又如"我慢慢相信，每一个活过的人，都能给后人的路途上添些光亮。也许是一颗巨星，也许是一把火炬，也许只是一支含泪的蜡烛……"一句是议论抒情，多侧面烘托了奶奶乐于奉献的精神。

第四、侧面创情境

对奶奶这个人物，小说没有精雕细刻的描写，而是通过情境创造，从侧面表现奶奶淳朴、善良及其乐于奉献的精神。如"我们坐在庭院里，草茉莉都开了，各种颜色的小喇叭，掐一朵放在嘴上吹，有时候能吹响。奶奶用大芭蕉扇给我轰蚊子。凉凉的风，蓝蓝的天，闪闪的星星，永远留在我的记忆里"这一情境，营造了一个甜适、温馨而美好的环境气氛，表达出奶奶对"我"的关爱以及祖孙之间深厚的感情，从而增强故事的真实性，深深地感染了读者。

又如"一到晚上，她常常腰疼、背疼，就叫我站到她身上去，来来回回地踩。她趴在床上'哎哟哎哟'的，还一个劲地夸我：'小脚丫踩上去，软软的，真好受。'"这一情境，渲染了一个快乐、幸福而和谐的环境氛围，蕴涵了奶奶淳朴、善良的性格特征，给读者留下特别深刻的印象。

《我的母亲》赏析

《我的母亲》是丰子恺写的一篇回忆自己母亲的文章，记述了自己从小到母亲逝世这一段时间里与母亲的一些生活琐事，表达了自己对于母亲的怀念之情。

本文的艺术特色鲜明。

一、文中反复写母亲"眼睛发出严肃的光辉，口角上表出慈爱的笑容"。

（一）从内容角度：运用反复的修辞方法主要为了突出母亲对我生活上很慈爱，对我为人处世、学习上很严厉，也突出母亲在生活的重压下坚强、隐忍，善于交涉。

（二）从结构角度：前后呼应，更突出这样的母亲形象在我心中留下了难以磨灭的印象。

二、用词十分讲究。例如："有时这四班人同时来到，使得母亲招架不住。"这"招架"二字，充分表现出母亲为了应付他们的到来，不得不使尽浑身解数来打发。

三、"老屋的西北角里的八仙椅子"是全文的线索。这把椅子是"很不舒服的一个座位"，母亲却"从我小时候直到她逝世前数月"总是坐在这把椅子上，充分说明：母亲生来就是个节俭的人，凡是家中能用的东西，只要不坏，在她眼里，都是还能再用的，这把椅子也一样，虽然坐着不舒服，但还是不能浪费掉，所以母亲总是坐着这把椅子。

【范文引路】

每个人都是浮在生命之海上的一叶扁舟，家人是舵，是桨。每个人都是飘在未来天空中的一只风筝，家人是线、是绳。家，是出发点与目的地；家人，陪伴你生命的最初与结束。家人，从不占用你过多的精力，一直在那儿，不管你走到哪里。对待家人虽无须费心，但不能不用心。对待家人的态度，是你最真实的人品。《诗经》中说"哀哀父母，生我劬（qú）劳"，生养之恩是最大的恩情。家人留给我们的每一个美好的回忆，都蕴含着他们美好的祝福和优秀的品质。今天我们要用我们的眼睛去观察我们的家人，用我们手中的笔记录他们的品质。

做一做

用我们的眼睛去观察我们的家人（爷爷、奶奶、爸爸、妈妈），拿起手机记录他们生活的每个瞬间，拿起笔记录他们生活中的每段精彩。

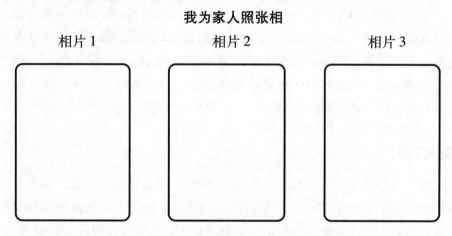

赶紧行动起来，为我们辛勤的父母、慈爱的爷爷奶奶、情同手足的哥哥姐姐照张相，记录难忘的瞬间吧！

我为家人照张相

相片 1	相片 2	相片 3

我为照片配解说

你选的可以是一张照片，也可以是多张照片，照片可以是要描写的人物，还可以是人物常用的物品。说一说照片背后的故事，介绍一下你选择这张照片的理由。

事件	理由

说一说

我们每个人选择的照片不同，安排写作的顺序也会不同，应当怎样选择材料、安排材料的顺序呢？读一读三位大家的作品我们一定会有收获。

选择材料有新意

读了三位大家的文章，我发现了一个共同点——选择的材料很有特色。

你说说，我听听。

三位大家要写的是"父亲""奶奶""妈妈"，选择的材料却是和他们息息相关的"背影""星星""八仙椅"。

真是有意思，这些事物不仅可以成为文章的线索，还成了表达感情的依托。

你是否也发现了和自己要介绍的家人有密切联系的一个特殊的事物？

安排材料有顺序

我选的是爸爸工作时的一张照片，我该怎样选择材料呢？

我读了朱自清先生的《背影》收获很大，对于一个镜头我们可以通过联想把这个镜头展开写，我为《背影》做了一个表格，你看看。

"背影"第一次出现	第一次开篇点题"背影"，有一种浓厚的感情气氛笼罩全文
"背影"第二次出现	第二次车站送别，作者对父亲的"背影"做了具体的描绘
"背影"第三次出现	第三次是父亲和儿子告别后，儿子眼望着父亲的"背影"在人群中消逝，离情别绪，催人泪下
"背影"第四次出现	第四次在文章的结尾，儿子读着父亲的来信，在泪光中再次浮现了父亲的"背影"，思念之情不能自已，与文章开头呼应，把父子之间的真挚感情表现得淋漓尽致

"背影"在文章中出现了四次，每次的情况有所不同，而思想感情却是一脉相承。在叙事中抒发父子深情。

你这个表格做得真好，对我的写作很有帮助。

如果你选的也是一张照片，不妨试试这种构思方法，安排自己作文的写作顺序。

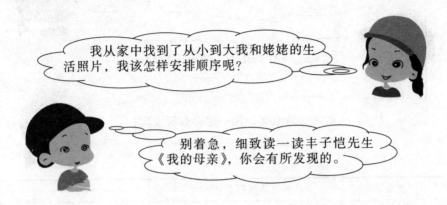

我从家中找到了从小到大我和姥姥的生活照片，我该怎样安排顺序呢？

别着急，细致读一读丰子恺先生《我的母亲》，你会有所发现的。

你们也来读一读，试着填一填下面的表格，看看有什么发现。

时间	发生的事件

你们一定发现了，丰子恺先生的《我的母亲》按照时间顺序记述了自己从小到母亲逝世这一段时间里与母亲的一些生活琐事，表达了自己对于母亲的怀念之情。除此之外，我们还可以根据自己照片中选择的材料，从不同方面组织材料来表现亲人一方面或多方面的品质。

写一写

正面描写重刻画

正面描写就是对人物的肖像、语言、动作、心理方面进行的直接描写，把人物的品质展现在我们的面前。

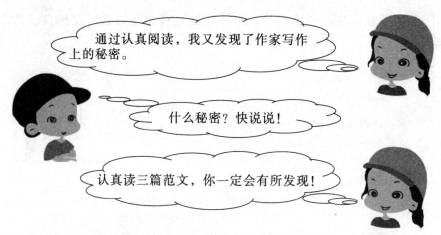

文章	最突出的描写方法	句子摘抄
《背影》		
《奶奶的星星》		
《我的母亲》		

认真阅读后,我们会发现《背影》最突出的描写方法是动作描写,表现了父亲对"我"无微不至的关切之情。《奶奶的星星》最突出的描写方法是语言描写,表现了祖孙俩的深厚情感。《我的母亲》最突出的描写方法是神态描写,"眼睛发出严肃的光辉,口角上表出慈爱的笑容"表达了对我的关爱之情。

侧面描写重烘托

侧面描写也叫间接描写,作者通过对周围人物或环境的描绘来表现所要描写的对象,以使其鲜明突出,即间接地对描写对象进行刻画描绘。

范文	侧面描写摘抄	应用的好处
《奶奶的星星》	我们坐在庭院里，草茉莉都开了，各种颜色的小喇叭，掐一朵放在嘴上吹，有时候能吹响	表现奶奶淳朴、善良及其乐于奉献的精神
	奶奶用大芭蕉扇给我轰蚊子。凉凉的风，蓝蓝的天，闪闪的星星，永远留在我的记忆里	这一情境，营造了一个甜适、温馨而美好的环境，表达出奶奶对"我"的关爱以及祖孙之间深厚的感情

我们写作时要努力做到正面描写和侧面描写相结合，这样就能使人物形象更加立体，人物的思想感情、性格品质等表现充分、到位，使人物刻画栩栩如生。

学习到这里，你清楚应该怎样选择材料、组织材料了吗？知道应该怎样恰当地运用正面描写和侧面描写了吗？

请同学们把自己选好的照片贴在这里吧。后面写一写这张（组）照片的故事，让更多的同学了解你的家人对你的真挚感情。

同学们可以仿照这样，多做几张照片介绍，也可以制作成家人相册。请同学们把自己制作的家人相册拿来分享。展示自己的照片，分享自己所写的文字，同学之间互相补充，完善自己的家人照片集。

【效果评价】

同学们，自己写好照片介绍，通过召开分享会和同学一起分享了，并且修改完善了自己的家人相册。在整个实践活动中，自己做得怎么样呢？快找来小伙伴和父母，让他们跟自己一起为这次实践活动做一个星级评价吧。五颗星你能得几颗？

星级评价方案

评价者	能够积极参加此次实践活动，在活动中认真完成各项实践任务	能够恰当的选择材料、组织材料，写作顺序清楚	学习正面和侧面描写方法，表达对亲人的真挚感情
自己	☆☆☆☆☆	☆☆☆☆☆	☆☆☆☆☆
伙伴	☆☆☆☆☆	☆☆☆☆☆	☆☆☆☆☆
家长	☆☆☆☆☆	☆☆☆☆☆	☆☆☆☆☆

注：优秀4~5颗星，良好2~3颗星，合格1颗星。

【阅读延伸】

《怀念母亲》，季羡林，人民教育出版社小学语文六年级上册。

《祖父和我》，萧红，上海教育出版社小学语文六年级上册。

《目送》，龙应台，广西师范大学出版社。

真情感　巧表达

在我们成长的过程中，除了亲人，还有很多人在你的身边鼓励着你、支持着你，他们是你敬爱的师长，是你携手并进的朋友，甚至是你相见恨晚的知己……这种爱，是明灯，当你迷惘困惑时，它为你指明方向；这种感觉，是感同身受，可以和你一起笑、一起哭；这种情，是人最宝贵的财富，无论你走到哪，身处何方，都会有一段温馨的回忆伴随着你……它就是能让你敞开心扉的师友情。

【范文欣赏】

范文1

少年闰土

深蓝的天空中挂着一轮金黄的圆月，下面是海边的沙地，都种着一望无际的碧绿的西瓜，其间有一个十一二岁的少年，项带银圈，手捏一柄钢叉，向一匹猹尽力地刺去，那猹却将身一扭，反从他的胯下逃走了。

这少年便是闰土。我认识他时，也不过十多岁，离现在将有三十年了；那时我的父亲还在世，家景也好，我正是一个少爷。那一年，我家是一件大祭祀的值年。这祭祀，说是三十多年才能轮到一回，所以很郑重；正月里供祖像，供品很多，祭器很讲究，拜的人也很多，祭器也很要防偷去。我家只有一个忙月（我们这里给人做工的分三种：整年给一定人家做工的叫长工；按日给人做工的叫短工；自己也种地，只在过年过节以及收租时候来给一定的人家做工的称忙月），忙不过来，他便对父亲说，可以叫他的儿子闰土来管祭器的。

我的父亲允许了；我也很高兴，因为我早听到闰土这名字，而且知道他和我仿佛年纪，闰月生的，五行缺土，所以他的父亲叫他闰土。他是能装弶捉小鸟雀的。

我于是日日盼望新年，新年到，闰土也就到了。好容易到了年末，有一日，母亲告诉我，闰土来了，我便飞跑地去看。他正在厨房里，紫色的圆脸，头戴一顶小毡帽，颈上套一个明晃晃的银项圈，这可见他的父亲十分爱他，怕他死去，所以在神佛面前许下愿心，用圈子将他套住了。他见人很怕羞，只是不怕我，没有旁人的时候，便和我说话，于是不到半日，我们便熟识了。

我们那时候不知道谈些什么，只记得闰土很高兴，说是上城之后，见了许多没有见过的东西。

第二日，我便要他捕鸟。他说："这不能。须大雪下了才好。我们沙地上，下了雪，我扫出一块空地来，用短棒支起一个大竹匾，撒下秕谷，看鸟雀来吃时，我远远地将缚在棒上的绳子只一拉，那鸟雀就罩在竹匾下了。什么都有：稻鸡，角鸡，鹁鸪，蓝背……"

我于是又很盼望下雪。

闰土又对我说："现在太冷，你夏天到我们这里来。我们日里到海边捡贝壳去，红的绿的都有，鬼见怕也有，观音手也有。晚上我和爹管西瓜去，你也去。"

"管贼吗？"

"不是。走路的人口渴了摘一个瓜吃，我们这里是不算偷的。要管的是獾猪，刺猬，猹。月亮地下，你听，啦啦地响了，猹在咬瓜了。你便捏了胡叉，轻轻地走去……"

我那时并不知道这所谓猹的是怎一件东西——便是现在也不知道——只是无端地觉得状如小狗而很凶猛。

"它不咬人么？"

"有胡叉呢。走到了，看见猹了，你便刺。这畜生很伶俐，倒向你奔来，反从胯下窜了。它的皮毛是油一般的滑……"

我素不知道天下有这许多新鲜事：海边有如许五色的贝壳；西瓜有这样危险的经历，我先前单知道它在水果店里出卖罢了。

"我们沙地里,潮汛要来的时候,就有许多跳鱼儿只是跳,都有青蛙似的两个脚……"

啊!闰土的心里有无穷无尽的稀奇的事,都是我往常的朋友所不知道的。闰土在海边时,他们都和我一样,只看见院子里高墙上的四角的天空。

可惜正月过去了,闰土须回家里去。我急得大哭,他也躲到厨房里,哭着不肯出门,但终于被他父亲带走了。他后来还托他的父亲带给我一包贝壳和几支很好看的鸟毛,我也曾送他一两次东西,但从此没有再见面。

> 作者:鲁迅,原名周树人,字豫才,"鲁迅"是笔名,浙江绍兴人,中国伟大的思想家、革命家、爱国作家、民主战士。主要作品:小说集《呐喊》《彷徨》《故事新编》,散文诗集《野草》《朝花夕拾》,杂文集《坟》《热风》《华盖集》。

范文2

最后一课 (有删改)

我的最后一堂法语课!

我几乎还不会作文呢!我再也不能学法语了!难道这样就算了吗?我从前没好好学习,旷了课去找鸟窝,到萨尔河上去溜冰……想起这些,我多么懊悔!我这些课本,语法啦,历史啦,刚才我还觉得那么讨厌,带着又那么重,现在都好像是我的老朋友,舍不得跟它们分手了。还有韩麦尔先生也一样。他就要离开了,我再也不能看见他了!想起这些,我忘了他给我的惩罚,忘了我挨的戒尺。

可怜的人!

他穿上那套漂亮的礼服,原来是为了纪念这最后一课!现在我明白了，镇上那些老年人为什么来坐在教室里。这好像告诉我，他们也懊悔当初没常到学校里来。他们像是用这种方式来感谢我们老师四十年来忠诚的服务，来表示对就要失去的国土的敬意。

我正想着这些的时候，忽然听见老师叫我的名字。轮到我背书了。天啊，如果我能把那条出名难学的分词用法语从头到尾说出来，声音响亮，口齿清楚，又没有一点儿错误，那么任何代价我都愿意拿出来的。可是开头几个字我就弄糊涂了，我只好站在那里摇摇晃晃，心里挺难受，连头也不敢抬起来。我听见韩麦尔先生对我说：

"我也不责备你，小弗郎士，你自己一定够难受的了，这就是了。大家天天都这么想：'算了吧，时间有的是，明天再学也不迟。'现在看看我们的结果吧。唉，总要把学习拖到明天，这正是阿尔萨斯人最大的不幸。现在那些家伙就有理由对我们说了：'怎么？你们还自己说是法国人呢，你们连自己的语言都不会说，不会写！……'不过，可怜的小弗郎士，也并不是你一个人的过错，我们大家都有许多地方应该责备自己呢。"

"你们的爹妈对你们的学习不够关心。他们为了多赚一点钱，宁可叫你们丢下书本到地里，到纱厂里去干活儿。我呢，我难道没有应该责备自己的地方吗？我不是常常让你们丢下功课替我浇花吗？我去钓鱼的时候，不是干脆就放你们一天假吗？……"

接着，韩麦尔先生从这一件事谈到那一件事，谈到法国语言上来了。他说，法国语言是世界上最美的语言——最明白，最精确；又说，我们必须把它记在心里，永远别忘了它，亡了国当了奴隶的人民，只要牢牢记住他们的语言，就好像拿着一把打开监狱大门的钥匙。说到这里，他就翻开书讲语法。真奇怪，今天听讲，我全都懂。他讲得似乎挺容易，挺容易。我觉得我从来没有这样细心听讲过，他也从来没有这样耐心讲解过。这可怜的人好像恨不得把自己知道的东西在他离开之前全教给我们，一下子塞进我们的脑子里去。

语法课完了，我们又上习字课。那一天，韩麦尔先生发给我们新的字帖，帖上都是美丽的圆体字："法兰西""阿尔萨斯""法兰西""阿尔萨斯"。这些字帖挂在我们课桌的铁杆上，就好像许多面小国旗在教室里飘扬。个个都那么专心，教室里那么安静！只听见钢笔在纸上沙沙地响。有时候一些金甲虫飞进来，但是谁都不注意，连最小的孩子也不分心，他们正在专心画"杠子"，好像那也算是法国字。屋顶上鸽子咕咕咕咕地低声叫着，我心里想："他们该不会强迫这些鸽子也用德国话唱歌吧！"

我每次抬起头来，总看见韩麦尔先生坐在椅子里，一动也不动，瞪着眼看周围的东西，好像要把这教室里的东西都装在眼睛里带走似的。只要想想：四十年来，他一直在这里，窗外是他的小院子，面前是他的学生；用了多年的课桌和椅子，擦光了，磨损了；院子里的胡桃树长高了；他亲手栽的紫藤，如今也绕着窗口一直爬到屋顶了。

可怜的人啊，现在要他跟这一切分手，叫他怎么不伤心呢？何况又听见他的妹妹在楼上走来走去收拾行李！——他们明天就要永远离开这个地方了。

可是他有足够的勇气把今天的功课坚持到底。习字课完了，他又教了一堂历史。接着又教初级班拼他们的 ba，be，bi，bo，bu。在教室后排座位上，郝叟老头儿已经戴上眼镜，两手捧着他那本初级读本，跟他们一起拼这些字母。他感情激动，连声音都发抖了。听到他古怪的声音，我们又想笑，又难过。啊！这最后一课，我真永远忘不了！

忽然教堂的钟敲了十二下。祈祷的钟声也响了。窗外又传来普鲁士士兵的号声——他们已经收操了。韩麦尔先生站起来，脸色惨白，我觉得他从来没有这么高大。

"我的朋友们啊，"他说，"我——我——"

但是他哽住了，他说不下去了。

他转身朝着黑板，拿起一支粉笔，使出全身的力量，写了几个大字："法兰西万岁！"

然后他呆在那儿，头靠着墙壁，话也不说，只向我们做了一个手势："放学了，——你们走吧。"

| 真情感 巧表达 |

> 作者：阿尔丰斯·都德（Alphonse Daudet，1840—1897年），法国爱国作家。1857年开始文学创作，26岁时发表短篇小说集《磨坊文札》。两年后，他出版了他的第一部长篇自传体小说《小东西》，这部小说是都德的代表作，集中表现了他不带恶意的讽刺和含蓄的感伤，也就是所谓的"含泪的微笑"。都德因而有了"法国的狄更斯"的誉称。他一生共写了13部长篇小说、1部剧本和4部短篇小说集。其中的《最后一课》和《柏林之围》更由于具有深刻的爱国主义内容和精湛的艺术技巧是而享有极高的声誉，成为世界短篇小说中的杰作。

范文3

我的老师

最使我难忘的，是我小学时候的女教师蔡芸芝先生。

现在回想起来，她那时有十八九岁，右嘴角边有榆钱大小一块黑痣。在我的记忆里，她是一个温柔、美丽的人。

她从来不打骂我们。仅仅有一次，她的教鞭好像要落下来，我用石板一迎，教鞭轻轻地敲在石板边上，大伙笑了，她也笑了。我用儿童的狡猾的眼光察觉，她爱我们，并没有存心要打的意思。孩子们是多么善于观察这一点啊。

在课外的时候，她教我们跳舞，我现在还记得她把我扮成女孩子表演跳舞的情景。

在假日里，她把我们带到她的家里和女朋友的家里，在她的女朋友的园子里，她还让我们观察蜜蜂；也是在那时候，我认识了蜂王，并且平生第一次吃了蜂蜜。

她爱诗,并且爱用歌唱的音调教我们读诗。直到现在我还记得她读诗的音调,还能背诵她教我们的诗:

圆天盖着大海,

黑水托着孤舟,

远看不见山,

那天边只有云头,

也看不见树,

那水上只有海鸥……

今天想来,她对我的接近文学和爱好文学,是有多么有益的影响!像这样的教师,我们怎么会不喜欢她,怎么会不愿意和她亲近呢?我们见了她不由得就围上去。即使她写字的时候,我们也默默地看着她,连她握铅笔的姿势都急于模仿。

有一件小事,我不知道还值不值得提它,但回想起来,在那时却占据过我的心灵。我父亲那时候在军阀部队里,好几年没有回来,我和母亲非常牵挂他,不知道他的死活。我的母亲常常站在一张褪了色的神像面前焚起香来,把两个有象征记号的字条卷埋在香炉里,然后磕了头,抽出一个来卜问吉凶。我虽不像母亲那样,也略略懂了些事。可是在孩子中,我的那些小"反对派"们,常常在我的耳边猛喊:"哎哟哟,你爹回不来了哟,他吃了炮子儿!"那时的我,真好像死了父亲似的那么悲伤。这时候蔡老师安慰了我,批评了我的"反对派"们,还写了一封信劝慰我,说我是"心清如水的学生"。一个老师排除孩子世界里的一件小小的纠纷,是多么平常;可是回想起来,那时候我却觉得是给了我莫大的支持!在一个孩子的眼睛里,他的老师是多么慈爱,多么公平,多么伟大的人啊!

每逢放假的时候,我们就更不愿离开她。我还记得,放假前,我默默地站在她的身边,看她收拾这样那样东西的情景。蔡老师!我不知道你当时是不是察觉,一个孩子站在那里,对你是多么的依恋!至于暑假,对于一个喜欢他的老师的孩子来说,又是多么漫长!记得在一个夏季的夜里,席子铺在当屋,旁边燃蚊香,我睡熟了。不知道睡了多久,也不知道是夜里的什么时辰,我忽然爬起来,迷迷糊糊地往外就走。

母亲喊住我:"你要去干什么?"

"找蔡老师……"我模模糊糊地回答。

"不是放暑假了么?"

哦,我才醒了。看看那块席子,我已经走出六七尺远。母亲把我拉回来,劝说了一会,我才睡熟了。我是多么想念我的蔡老师啊!至今回想起来,我还觉得这是我记忆中的珍宝之一。一个孩子的纯真的心,就是那些在热恋中的人们也难比啊!什么时候,我能再见一见我的蔡老师呢?

可惜我没上初小,转到县立五小上学去了,从此,我就和蔡老师分别了。

> 作者:魏巍,现代著名散文家、诗人、小说家,原名魏鸿杰,河南郑州人。主要作品:散文《谁是最可爱的人》《依依惜别的深情》《在凯歌声里》《路标》,长篇小说《东方》《地球上的红飘带》。本文选自《教师报》(1956年10月)。

【范文解读】

《少年闰土》 赏析

本文节选自鲁迅先生的短篇小说《故乡》。文章刻画了一个见识丰富而又活泼可爱的、聪明能干的海边农村少年——闰土的形象,反映了作者与闰土儿时真挚而又短暂的友谊以及对他的怀念之情。

课文采用倒叙的形式写了少年闰土的四件事:雪地捕鸟、海边拾贝、月夜看瓜刺猹、看跳鱼儿。其中详写的事情是雪地捕鸟和月夜看瓜刺猹,略写的事情是海边拾贝和看跳鱼儿。

开篇即见一幅月夜沙地里少年刺猹的动态场面,景、人、物浑然一体又灵动有致。"天空""圆月""海边""沙地""西瓜"组成了生机盎然的自然景象,"深蓝""金黄""一望无际的碧绿"勾勒出色泽鲜密的背景画面。"项带银圈"的少年"手捏一柄钢叉,向一匹猹尽力地刺去",少年行动敏捷灵动且满含生趣,然而"那猹却将身一扭,反从他的胯下逃走了",动物临危逃走让人忍俊不禁,让读者如临其境,并跟随"少年刺猹""猹扭身逃跑"的行动而心潮起伏,不经意间就对少年闰土的形象产生了亲近之感。

从第六自然段起是几组"我"与闰土一问一答的对话,对白简洁精练却画面感强烈,寥寥几笔就勾勒出一个充满无穷无尽的稀奇的事的童趣世界。其中,对话语言生动得体而富有变化,描述情节传神有趣,既完全符合闰土的自然乡土生活经验,又高度贴合少年闰土的儿童视角和说话口吻,体现了语言艺术的精妙。

《最后一课》 赏析

《最后一课》通过小弗朗士在"最后一课"中的见闻和感受,表现了韩麦尔先生等法国人民在国土沦亡时的悲愤和强烈的爱国主义精神。那么,作者运用了哪些方法来刻画人物呢?

首先,心理描写成功地塑造了人物形象,突出了主题。

本篇小说成功地塑造了两个人物——小弗朗士和韩麦尔先生。作者准确地抓住了一个小学生的年龄特征和性格特点,成功地运用心理描写,塑造了小弗朗士这个艺术形象。从他贪玩不爱学习到为没有学好法语而感到难过懊悔,到专心认真学习的心理变化,表现出强烈的爱国主义思想。

课文中的心理描写有两种。一种是与景物描写、细节描写、人物行动描写紧密融为一体,这样小弗郎士所见到的人物、景色都被罩上了一层感情色彩,如:"天气那么暖和,那么晴朗!……普鲁士兵正在操练。这些景象,比分词用法有趣多了;可是我还能管住自己,急忙向学校跑去。"另外一种便是大段的心理独白,如:"只要想想:四十年来,他一直在这里,窗外是他的小院子,面前是他的学生……可怜的人啊,现在要他跟这一切分手,叫他怎么不伤心呢?"作者准确地把握住了小弗郎士的年龄特征和性格特点,取得了很好的表达效果。

其次,对比手法运用巧妙,不留痕迹地为主题服务。

课文中运用了一系列的对比,如上学路上明快的景色与教室里凝重的气氛、往日的喧闹与今天的安静、服饰的朴素与漂亮、态度的严厉与温和、空座与满座、懵懂与逐渐成熟、宣布散学时的有声(钟声、普鲁士兵的号声)与无声(韩麦尔先生哽住、写字与手势)之对比,以对立的两极突出了特定的历史关头阿尔萨斯人的沉痛表现与深厚的民族感情。小说的主题借此也得到了鲜明深刻的烘托。

除此之外,这篇文章还有很多地方值得我们去品味。如细节描写起到了烘托气氛、刻画人物、揭示主题的作用。再如环境描写烘托了人物形象,社会环境交代了时代背景……更多的语言味道,要靠你自己去细细"咀嚼"了。

《我的老师》 赏析

本文是一篇回忆性散文。作者回忆了儿童时代在老师身边的七件小事,抒发了对老师的热爱、感激之情,表现了蔡老师温柔、热爱学生、热爱教育事业的美好品德。

在叙事时,融进浓烈的感情,又画龙点睛地表达自己的见解,熔叙事、议论、抒情于一炉,是本文的一大写作特点。如在较详细地叙述蔡老师为"我"排解纠纷一事后紧接着便是一段富有哲理的抒情:"一个老师排除孩子世界里的一件小小的纠纷,是多么平常;可是回想起来,那时候我却觉得是给了我莫大的支持!"蔡老师是"多么慈爱、多么公平、多么伟大的人啊!"表达了作者强烈的思想感情,使这种朴素的情感得到了进一步的升华,同时衬托了蔡老师的伟大的人格。在叙述"梦中寻师"之后,作者用了感叹句、疑问句、比喻句抒发对老师强烈的思念之情。所以,适时地使用反问、排比、比喻等方法进行抒情议论,能够使读者受到强烈感染。作者把自己对蔡老师的浓浓深情蕴含在平平实实的字里行间,通过传神的细节描写,将最动人的一瞬清晰地展现在读者面前,使人物形象丰满、情感细腻深刻。

【范文引路】

"情"这个生活中永恒的主题,千百年来,不知道有多少文人墨客讴歌它、赞美它。古人云:"文章不是无情物。""感人心者,莫先乎情。"一篇为人称道的好文章,往往渗透着作者真挚的感情。我们写作文时,倘能以情组文定能使文章产生震撼读者心灵的力量,引起读者感情共鸣的效果。那么,如何进行情感表达才能达到这种效果呢?

做一做

用心去体会我们生活中的这些重要角色,你的老师,你的朋友,抑或是亦师亦友,在你的成长之路上,给予你莫大帮助的人……想到他们,你都会想起哪些故事呢?

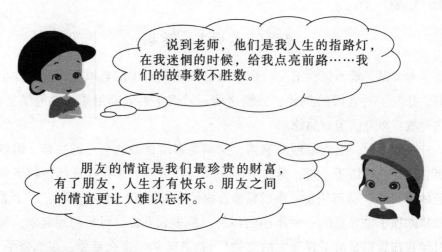

说到老师,他们是我人生的指路灯,在我迷惘的时候,给我点亮前路……我们的故事数不胜数。

朋友的情谊是我们最珍贵的财富,有了朋友,人生才有快乐。朋友之间的情谊更让人难以忘怀。

选择真实的故事

同学们,你如果想把自己为之动情的人或事生动形象地写成文章,讲述给读者,让读者产生感情上的共鸣,就要注意选择真实的材料,首先是能打动自己的材料,才有可能打动读者,"真实"才能动人心嘛!在你的老师或者朋友身上一定发生过很多有趣或令你难忘的事情,仔细想想,尝试在下面写一写。

人物	事件概括

这么多事件，在写文章的时候，如何选择和安排呢？让我们再来看看三篇范文，你能从中找到一些方法。

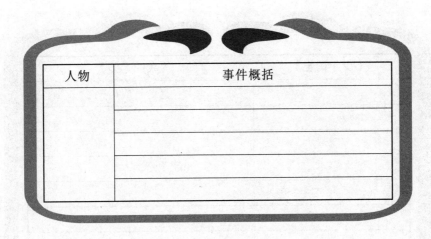

《最后一课》这篇文章写了最后一节法文课上的情景，只是这一件事。这一件事足以让我们为之动情。

是呀，我们可以只写一件事，把这件事写清楚、写具体。但是还可以多写几件事，《少年闰土》和《我的老师》这两篇就写了好几件事呢。

同学们，赶快去找一找这两篇文章都分别写了哪几件事吧！

《少年闰土》	《我的老师》

《少年闰土》写了四件事，其中雪地捕鸟和月夜看瓜刺猹是详写，海边拾贝和看跳鱼儿是略写。详略得当，有层次。

没错！这四件事不仅详略得当，而且季节和地点还不同呢！冬天雪地捕鸟，夏天拾贝、看瓜刺猹；陆地捕鸟、看瓜刺猹，海边拾贝、看跳鱼儿。

《我的老师》写了七件小事呢！如果都很详细地写，那就太多了。我分析了一下，前五件事写得概括，后两件事写得具体。

| 真情感　巧表达 |

前五件事，由课内写到课间，由校内写到校外，表达了老师爱学生、学生爱老师的真挚感情。

详写了排除小纠纷、梦里寻师两件事，写出了爱戴老师、依恋老师的深情。从平时写到了假期，从学习写到了生活。

是呀！这些事例都是作者难以忘怀的一些生活小事，但就是这些真实的小事，却给作者留下了非常深刻的印象，深深地打动了作者。

只有真实的事件，才有真情实感。我们在选择事件的时候，要从不同方面去筛选，避免重复。写的时候详略得当，这样的文章感情真挚，层次清晰。

哦，我明白了：习作中可以选择一个事件，突出要表达的情感；也可以选择多个事件，表达同一情感，但要做到详略得当。

在人物的变化中表达情感

《最后一课》这篇文章，写了韩麦尔先生强烈的爱国热情外，还表达了他对学生的无限期望，对民族和祖国前途的坚定信念。他一反常态，在最后一节法语课上表现异常，同学们，请你仔细读一读这篇文章，找一找韩麦尔先生的异常都表现在哪儿。

《最后一课》

	平日上课	最后一课
气氛		
学生		
老师		

我从平日上课和最后一课的对比中发现：韩麦尔先生的语言、动作、神态都有了不同程度的变化。

还有小弗郎士，他的思想感情也有了极大的变化。

同学们阅读得很认真，在最后一课上，小弗郎士思想感情发生了明显的变化，你根据下列提示，结合文章内容来举例说明，和大家交流一下吧。

我要提示同学们，在交流时，一定要联系上下文才能找到小弗郎士的变化。

（1）从贪玩、不爱学习到热爱法语。
（2）从怕老师到理解、同情并敬爱老师。
（3）从幼稚不懂事到热爱祖国。

| 真情感　巧表达 |

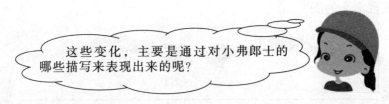

这些变化，主要是通过对小弗郎士的哪些描写来表现出来的呢？

　　同学们真不错，能够结合提示找到文中相应的内容来交流，从小弗郎士的变化中，你感受到了什么呢？

　　相信，在阅读和交流中，你一定注意到了下面这些句子：

　　"我从前没好好学习，旷了课去找鸟窝，到萨尔河上去溜冰……想起这些，我多么懊悔！我这些课本，语法啦，历史啦，刚才我还觉得那么讨厌，带着又那么重，现在都好像是我的老朋友，舍不得跟它们分手了。"

　　"如果我能把那条出名难学的分词用法语从头到尾说出来……又没有一点儿错误，那么任何代价我都愿意拿出来的。"

　　"他就要离开了，我再也不能看见他了！想起这些，我忘了他给我的惩罚，忘了我挨的戒尺。"

　　"屋顶上鸽子咕咕咕咕地低声叫着，我心里想：'他们该不会强迫这些鸽子也用德国话唱歌吧！'"

　　……

我发现了：这些句子都是小弗郎士的心理活动描写。

对，这些描写不仅写出了小弗郎士的变化，更体现出他是一个热爱祖国的孩子。

　　是的，通过对小弗郎士的心理活动描写，我们了解到了一个从幼稚走向懂事的孩子。韩麦尔先生的形象就是在小弗郎士的观察中逐渐丰满起来的。那么，韩麦尔先生的变化又有哪些呢？这些又是通过哪种描写方法表现出来的呢?

看来,同学们对文章的阅读真的很到位。对人物的基本特点确定好以后,无论是他的语言、动作,还是神态等,都应该紧紧围绕着人物的特点来写。这样才能使人物的特点更加鲜明,使人物立体呈现在读者面前。

发挥你的想象力,以"下课以后"为题,从小弗郎士的视角写一篇习作。

爱要大声说出来

怎样将你的亲师爱友之情表现得更直接呢？看看《我的老师》中作者是怎样表达对老师的热爱、感激之情的。

文中有许多直接抒情的句子，你能找出它们吗？

同学们，你们也到文中去找一找吧！

抒情议论的句子	写法
像这样的教师，我们怎么会不喜欢她，怎么会不愿意和她亲近呢？	反问的修辞方法

恭喜你！找到了这么多抒情议论的句子。请你拿起书，大声地朗读吧！

我读完之后发现这些句子还有一些不同,有的是写"我"的感受,有的是赞扬老师的好品质……

是呀,比如:"蔡老师!我不知道你当时是不是察觉,一个孩子站在那里,对你是多么的依恋!"这句话好像是作者直接对老师说的话。

同学们,作者分别通过"第一人称"和"第三人称"来议论抒情。请你们再读读这些句子,如果能够把这些句子读出感情,那么就可以切身体会作者的心情啦!

"今天想来,她对我的接近文学和爱好文学,是有多么有益的影响!"这句是以第一人称来写的。

这句也是第一人称:"像这样的教师,我们怎么会不喜欢她,怎么会不愿意和她亲近呢?"

"在一个孩子的眼睛里,他的老师是多么慈爱,多么公平,多么伟大的人啊!"这是第三人称。

我也找到一句:"一个孩子的纯真的心,就是那些在热恋中的人们也难比啊!"

如果可以在叙事时，融进浓烈的感情，同时画龙点睛地表达自己的见解，将叙事、议论、抒情融为一体，再用上比喻、反问、排比、夸张等修辞方法，将"第一人称"和"第三人称"的抒情方式相结合，这样刻画的人物情感鲜明强烈，文章内容厚实。

此时，你是不是也想写上几句？你可以给你的读者写上几句赞美你的老师或朋友的话，也可以直接写给你的老师或朋友。

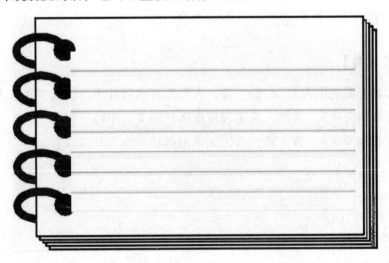

写一写

成长的路上,是你——我亲爱的老师,牵着我的手,教我学知识,教我学做人。徘徊的路上,是你——我亲爱的朋友,陪伴着我,让我不再孤单,让我不再彷徨。让我们用我们手中的笔,描绘出你的情、他的爱,用心感受身边的良师益友吧。

【效果评价】

同学们,你写的是你身边的哪一个人呢?可以把自己的习作和大家一起分享哦,还可以读给不同的人听,让他们也来评价一下你的作品,是否写出了自己的真情实感,一起为这次实践活动做一个星级评价吧。五颗星你能得几颗?

星级评价方案

评价者	能够积极参加此次实践活动,在活动中认真完成各项实践任务	能够恰当地选择表达情感的方法于写作事件中去	是否抓住了人物特点,是否表达出了自己的真情实感
自己	☆☆☆☆☆	☆☆☆☆☆	☆☆☆☆☆
伙伴	☆☆☆☆☆	☆☆☆☆☆	☆☆☆☆☆
家长	☆☆☆☆☆	☆☆☆☆☆	☆☆☆☆☆

注:优秀4~5颗星,良好2~3颗星,合格1颗星。

【阅读延伸】

《她是我的朋友》,约翰·考,人民教育出版社小学语文三年级上册。
《藤野先生》,鲁迅,人民教育出版社语文八年级下册。
《青铜葵花》,曹文轩,人民文学出版社。

忆凡事　话真情

一滴水，可以折射出太阳的光辉；一件小事，足以体现出浓厚的真情。真情是一种心境，美好的心境最易升起美好的感觉。真情来自真诚，不需要枉费心机去攫取。真情需要去感受，平凡的事件中更易显现。生活的确是一本永远读不够，也读不完的书，虽然书上没有一个字，却处处都是学问，就看我们善不善于去读它。

【范文欣赏】

范文 1

走一步，再走一步[①]

那是在费城，一个酷热的七月天——直到56年后的今天，我仍能感觉到那股灼人的热浪。和我在一起的五个男孩子已经厌倦了玩弹珠以及用透镜在干树叶上烧洞等游戏，正在寻觅其他好玩的事。

一脸雀斑的小内德说道："嗨！我有主意了。我们很久没去爬悬崖了。"

"我们走吧！"有人附和着。然后他们出发了，气喘吁吁地一路小跑，就像一群迷路的小狗。

我犹豫了。我渴望像他们一样勇敢和活跃，但是在8年岁月中，我绝大部分时间都是一个病弱的孩子，并将妈妈的警告牢记在心——我不像其他孩子那样强壮，而且不能冒险。

"快来呀！"杰里冲着我大喊——他是我最好的朋友，"就因为你过去

[①] 本文原名《悬崖上的一课》，作者莫顿·亨特（美），在选入本书时略有改动。

生病,所以就要当胆小鬼?这没道理。""我来了!"我喊道,然后跟在他们后面跑。

我们穿过公园,进入树林,最后来到一块空地上。在很远的另一边,有一道悬崖,像一面几近垂直的墙突兀地耸立在岩石中,四面都是土坡,上面长着参差不齐的矮树丛和臭椿树苗。从底部杂乱的岩石到顶部草皮的边缘,只有60英尺左右,但是对我来说,这是严禁和不可能的化身。

其他的孩子一个接一个地往上爬,在突出的岩石和土层上找到放手和脚的地方。我犹豫不决,直到其他孩子都爬到了上面,然后我开始满头大汗、浑身发抖地往上爬。手扒在这儿,脚踩在那儿,我的心在瘦弱的胸腔中怦怦地跳动,我努力往上爬着。

不知何时,我回头向下看了一眼,然后吓坏了:悬崖底下的地面看起来非常遥远;只要滑一下,我就会掉下去,撞上悬崖,然后摔到岩石上,摔个粉碎。

但是他们已经爬到了距离悬崖顶部三分之二的岩脊上,那里大约有五六英尺深,15英尺长。我努力向他们爬过去。我缓慢地爬着,尽可能贴近里面,紧紧地扒住岩石的表面。其他的孩子则站在靠近边缘的地方,这种情景让我感到反胃,我偷偷地抓住背后的岩石。

几分钟后,他们开始继续往下爬。

"喂,等等我。"我哑着嗓子说。

"再见啦!看你就像滑稽画里的小人儿。"他们中的一个说道,其他的则哄堂大笑。

"但是我不能……我……"这句话刺激了他们,他们开始嘲笑我,发出嘘声,然后继续向上爬,这样他们可以从崖顶绕道回家。在他们离开之前,他们向下盯着我看。

内德嘲笑说:"你可以留下来,如果你想的话。"

"全看你自己了。"杰里看起来很担心,但是最后还是和其他孩子一起走了。

我往下看,但是却感到阵阵晕眩;一股无名的力量好像正在逼迫我掉下去。我紧贴在一块岩石上，感觉天旋地转。我绝对下不去。这太远，也太危险了；在悬崖的中途，我会逐渐感到虚弱、无力，然后松手，掉下去摔死。但是通向顶部的路看起来更糟——更高、更陡、更变化莫测；我肯定上不去。我听见有人在哭泣、呻吟；我想知道那是谁，最后才意识到那就是我。

时间在慢慢地过去。影子在慢慢拉长，太阳已经没在西边低矮的树梢下，夜幕开始降临。周围一片寂静，我趴在岩石上，神情恍惚，害怕和疲劳已经让我麻木，一动也不动，甚至无法思考怎样下去，安全地回家。

暮色中，第一颗星星出现在天空中，悬崖下面的地面开始变得模糊。不过，树林中闪烁着一道手电筒发出的光，然后我听到杰里和爸爸的喊声。爸爸！但是他能做什么？他是个粗壮的中年人，他爬不上来。即使他爬上来了，又能怎样？

爸爸远远地站在悬崖脚下，这样才能看见我，他用手电筒照着我然后喊道："现在，下来。"他用非常正常、安慰的口吻说道："要吃晚饭了。"

"我不行！我会掉下去的！我会摔死的！"我大哭着说。

"你能爬上去，你就能下来，我会给你照亮。"

"不，我不行！太远了，太困难了！我做不到！"我怒吼着。

"听我说，"爸爸继续说，"不要想有多远，有多困难，你需要想的是迈一小步。这个你能做到。看着手电光指的地方。看到那块石头没有？"光柱游走，指着岩脊下面的一块突出的石头。"看到了吗？"他大声问道。

我慢慢地挪动了一下。"看到了。"我回答。

"好的，现在转过身去，然后用左脚踩住那块石头。这就是你要做的。它就在你下面一点。你能做到。不要担心接下来的事情，也不要往下看，先走好第一步。相信我。"

这看起来我能做到。我往后移动了一下，用左脚小心翼翼地感觉着岩石，然后找到了。"很好。"爸爸喊道，"现在，往右边下面一点，那儿有另外一个落脚点，就几英寸远。移动你的右脚，慢慢地往下。这就是你要做的。只要想着接下来的这步,不要想别的。"我照做了。"好了,现在松开左手,然后抓住后面的小树干,就在边上,看我手电照的地方,这就是你要做的。"再一次,我做到了。

就这样,一次一步,一次换一个地方落脚,按照他说的往下爬,爸爸强调每次我只需要做一个简单的动作,从来不让我有机会停下来思考下面的路还很长,他一直在告诉我,接下来要做的事情我能做。

突然间,我向下迈出了最后一步,然后踩到了底部凌乱的岩石,扑进了爸爸强壮的臂弯里,抽噎了一下,然后令人惊讶的是,我有了一种巨大的成就感和类似骄傲的感觉。

我还惊讶地意识到,在我生命中有很多时刻,每当我遇到一个遥不可及、令人害怕的情境,并感到惊慌失措时,我都能够应付——因为我回想起了很久以前自己上过的那一课。我提醒自己不要看下面遥远的岩石,而是注意相对轻松、容易的第一小步,迈出一小步、再一小步,就这样体会每一步带来的成就感,直到完成了自己想要完成的,达到了自己的目标,然后再回头看时,不禁对自己走过的这段漫漫长路感到惊讶和自豪。

范文2

散　步[①]

我们在田野散步:我,我的母亲,我的妻子和儿子。

母亲本不愿出来的。她老了,身体不好,走远一点就觉得很累。我说,正因为如此,才应该多走走,母亲信服地点点头,便去拿外套。她很听我的话,就像我小时候很听她的话一样。

天气很好。春天来得太迟太迟了,但是春天总算来了。我的母亲又熬过了一个冬季。

这南方初春的田野,大块小块的新绿随意地铺着,有的浓,有的淡;

---

① 本文作者:莫怀戚。

树上的绿芽也密了；田野里的冬水也咕咕地起着水泡。这一切使人想起一样东西——生命。

我和母亲走在前面，我的妻子和儿子走在后面。小家伙突然叫起来："前面也是妈妈和儿子，后面也是妈妈和儿子。"我们都笑了。

后来发生了分歧：母亲要走大路，大路平顺；我的儿子要走小路，小路有意思。不过，一切都取决于我。我的母亲老了，她早已习惯听从她强壮的儿子；我的儿子还小，他还习惯听从他高大的父亲；妻子呢，在外面，她总是听我的。一霎时我感到了责任的重大，就像民族领袖在严重关头时那样。我想找一个两全的办法，找不出；我想拆散一家人，分成两路，各得其所，终不愿意。我决定委屈儿子，因为我伴同他的时日还长。我说："走大路。"

但是母亲摸摸孙儿的小脑瓜，变了主意："还是走小路吧。"她的眼随小路望去：那里有金色的菜花，两行整齐的桑树，尽头一口水波粼粼的鱼塘。"我走不过去的地方，你就背着我。"母亲对我说。

这样，我们在阳光下，向着那菜花、桑树和鱼塘走去。到了一处，我蹲下来，背起了母亲，妻子也蹲下来，背起了儿子。我的母亲虽然高大，然而很瘦，自然不算重；儿子虽然很胖，毕竟幼小，自然也轻。但我和妻子都是慢慢地，稳稳地，走得很仔细，好像我背上的同她背上的加起来，就是整个世界。

范文3

爱之链[①]

在一条乡间公路上，乔依开着那辆破汽车慢慢地颠簸着往前走。已是黄昏了，伴随着寒风，雪花纷纷扬扬地飘落下来。飞舞的雪花钻进破旧的汽车，他不禁打了几个寒战。这条路上几乎看不见汽车，更没有人影。乔依工作的工厂在前不久倒闭了，他的心里很是凄凉。

[①] 本文选自苏教版小学语文第十一册第二单元第八课。在选入本书时略有改动。

前面的路边上好像有什么。乔依定睛一看，是一辆车。走近时，乔依才发现车旁还有一位身材矮小的老妇人，她满脸皱纹，在冷风中微微发抖。看见脸上带着微笑的乔依，她反倒紧张地闭上了眼睛。

乔依很理解她的感受，赶紧安慰她说："请别害怕，夫人，您怎么不待在车里？里面暖和些。对了，我叫乔依。"

原来她的车胎瘪了，乔依让她坐进车里，自己爬进她的车底下找了一块地方放置千斤顶。他的脚腕被蹭破了，因为他没穿袜子。为了干活方便，他摘下了破手套，两只手冻得几乎没有知觉。他喘着粗气，清水鼻涕也流下来了，呼出的一点点热气才使脸没被冻僵。他的手蹭破了，也顾不上擦流出的血。当他干完活时，两只手上沾满了油污，衣服也更脏了。

乔依扣上那车的后备厢时，老妇女摇下车窗，满脸感激地告诉他说，她在这个荒无人烟的地方已经等了一个多小时了，她又冷又怕，几乎完全绝望了。老妇人一边打开钱包一边问："我该给你多少钱？"

乔依愣住了，他从没想到他应该得到钱的回报。他以前在困难的时候也常常得到别人的帮助，所以他从来就认为帮助有困难的人是一件天经地义的事，他一直就是这么做的。

乔依笑着对老妇人说："如果您遇上一个需要帮助的人，就请您给他一点帮助吧。"

乔依看着老妇人的车开走以后，才启动了自己的破汽车。

老妇人沿着山路开了几公里，来到了一个小餐馆，她打算先吃点东西，然后回家。

餐馆里面十分破旧，光线昏暗。店主是一位年轻的女人，她热情地送上一条雪白的毛巾，让老妇人擦干头发上的雪水。老妇人感到心里很舒服。她发现这位女店主的脸上虽然带着甜甜的微笑，可掩盖不住她极度的疲劳。更重要的是，她怀孕至少有8个月了。尽管如此，她还是忙来忙去地为老妇人端茶送饭。老妇人突然想起了乔依。

老妇人用完餐，付了钱。当女店主把找回的钱交给她时，发现她已经不在了。只见餐桌上有一个小纸包，打开纸包，里面装着一些钱。餐桌上还留有一张纸条，上面写着："在我困难的时候，有人帮助了我。现在我也想帮帮你。"女店主不禁潸然泪下。

她关上店门，走进里屋，发现丈夫不知什么时候已经倒在床上睡着了。她不忍心叫醒他。他为了找工作，已经快急疯了。她轻轻地亲吻着丈夫那粗糙的脸颊，喃喃地说："一切都会好起来的，亲爱的，乔依……"

【范文解读】

《走一步，再走一步》赏析

《走一步，再走一步》记叙了"我"童年的一次冒险和在父亲的帮助下一步一步战胜困难脱险的经历，告诉我们：困难和危险并不可怕，只要我们坚定信心、不怕它，将它分解为一个一个的小困难，从眼前脚下做起，就能逐个击破、战胜它的道理。文章通过一个故事引出人生感悟，引出一个富有哲理的道理，给人以启发和教益。

《散步》赏析

《散步》叙写了祖孙三代人在一起散步的平凡小事，表现出一家人之间互敬互爱的真挚感情，体现了中华民族尊老爱幼的传统美德。

文章在选材上颇有特色。作者深深懂得"一滴水可以辉映太阳的光辉"的道理。作者运用以小见大的写作手法，只是选取一个三代同堂的家庭一次散步的小事来写，所表现的意蕴却发人深思：一个"慈母"，一个"孝子"，一个真诚的理解，一个绝对的信任，这种良性的因果循环正反映了古朴的尊老爱幼的家庭伦理道德之美。

《爱之链》赏析

《爱之链》是一首爱的赞歌，文章极其细腻地描写了发生在一个严寒的冬夜里的充满爱的故事：下岗的乔依无偿帮助老妇人修好汽车，老妇人在用餐时又得到乔依妻子的悉心照顾，也受到了爱的感染，留下一些钱,悄悄地走了。阅读文章,我们不难发现人间的友爱互助,值得称颂——当别人需要帮助的时候,应该伸出热情的手。乔依夫妇因为得到"爱"而对生活充满希望,人世间因为有了彼此的关爱、真诚的帮助而变得美好、温暖。

【范文引路】

在我们记忆深处,很多生活影像也许已经泛黄、模糊,然而,那些曾经叩击我们心灵的声音,会时常穿越时空,在我们耳畔深情地响起,潮湿我们的眼眸,温暖我们的人生。爱,一个多么温馨的字眼,爱如春风轻吻大地,爱如甘泉沁人心脾。爱有多种多样,有爱子深沉,催人泪下的爱;有知恩图报,表现出那种质朴,纯真的爱……我们沐浴在爱的阳光里,无时无刻不在感受到爱的温暖。

这次实践活动,咱们就一起制作爱的牛皮纸。

做一做

用我们的眼睛去观察我们的生活,你所经历的事情一定给你留下深刻印象,请你拿起笔随时记录下难忘的瞬间,赶紧行动起来吧!

| 忆凡事　话真情 |

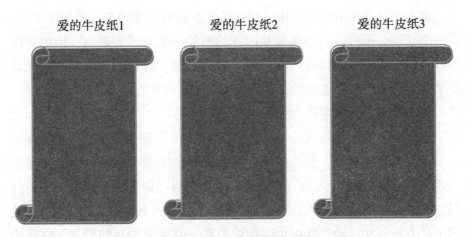

《制作爱的牛皮纸》语文实践活动预作卡

时间 地点 人物	难忘的事	感悟

说一说

能给我讲讲你的那段经历吗？看看能让我感受到什么。

要把事情写具体，还要有感悟，怎么办呢？先让我想想。

确实，把一件事情写具体，而且还要有感悟，这对于有些同学来说，是一个难题。不过，当遇到这些困难的时候，千万不要着急，因为阅读是好帮手！我们可以通过阅读来解决这些问题。赶紧读一读前面的几篇范文，看看那些小作者是怎么将事情说清楚、做到有感悟的。

以小见大，意蕴丰富

当代作家王愿坚曾说："创作有了丰富的生活感受，然后从中选取了一个看来不大的东西，努力挖掘、提炼，写出了这个东西的内涵，写出了这个'小的'和'大的'（即整个社会生活）的联系。这就是常说的'以小见大'。"所谓以小见大，就是能从生活中细小之事、微小之物中挖掘出其不寻常的内涵，或揭示事物的本质，或蕴含深刻的哲理，或反映人物的精神面貌，或传达一定的社会意义。

小，既指篇幅的短小，更指选题的小。生活中的常情常事、常人常物，都可以成为书写的对象。

大，是指"小题"背后蕴藏的作者对人生的深刻感悟、对社会的深入思考、对将来的丰富设想。

文章	事件（小）	感悟（大）
《走一步，再走一步》	我在父亲的指导下，一步一步地爬下悬崖	不要想着远在下面的岩石，而要着眼于那最初的一小步，走了这一步再走下一步，直到抵达我所要到的地方
《散步》	三代同堂的家庭一次散步	反映了古朴的尊老爱幼的家庭伦理道德之美
《爱之链》	下岗的乔依无偿帮助老妇人修好汽车，老妇人在用餐时又得到乔依妻子的悉心照顾，也受到了爱的感染，留下一些钱，悄悄地走了	乔依夫妇因为得到爱而对生活充满希望，人世间因为有了彼此的关爱、真诚的帮助而变得美好、温暖

构思巧妙,语言生动

《散步》是一篇清新优美的散文。其构思之精巧,遣词之独特,内涵之丰富,令人叹服。尤其在情理交融上,浑然一体,看似情醉人,其实,不知不觉中,人已为作者蕴含其间的意境和哲理所深深感动。它像一曲感人肺腑的歌,尽情颂扬了生命的美。可以说,阅读这篇文章,让人在对生命的感悟上接受了一次洗礼。

"我的母亲又熬过了一个严冬",既写出了母亲忍受痛苦度过严冬的情景,又写出了"我"为母亲最终安然无恙而庆幸的心情。

"妻子呢,在外面,她总是听我的。"这一句表现了妻子的贤惠。"在外面"这个限制语用得好,令人想到"在家里"就可能不是这样了,很可能"我总是听她的"。

"我的母亲虽然高大,然而很瘦,自然不算重;儿子虽然很胖,毕竟幼小,自然也轻。但我和妻子都是慢慢地、稳稳地,走得很仔细,好像我背上的同她背上的加起来,就是整个世界。"这句话含义深刻。它以轻衬重,突出了"尊老爱幼"的重大意义,还写出了中年人已意识到自己责任的重大,正在继承和发扬"尊老爱幼"的优良传统,谱写社会主义精神文明的新篇章。

优秀的文章,每一个细节的设置都有其精到之处。正如《爱之链》,开头就向我们铺设了一个独特的环境,"乡间公路、已是黄昏、乔伊工厂倒闭、心里很是凄凉",这种环境读来不由让人觉得心酸,一种"已是黄昏独自愁"的滋味油然而生。看来乔伊的家境已近贫困，但他外出干什么，开头却不曾交代，直至女店主的出现，都让读者感到扑朔迷离，不知这三人之间究竟有着怎样的关系，但读到文章结尾，一切都豁然开朗，读者悬着的心才放下来。开头和结尾"前呼""后应"，自成系统，这样谋篇布局，不落俗套，给人产生"千呼万唤始出来"的感觉。

一波三折，细腻见大

"文似看山不喜平"。只有一个中心事件的文章，若能在故事情节的发展上做到张弛结合，起伏变化，则可扣人心弦。

《走一步，再走一步》主要写了"我"天生体弱多病→爬到小岩石架，不敢向上爬→同伴把我丢在岩石架上了→杰里带来父亲→按父亲的办法一步一步下来了。

一曲（拿不定主意，爬不爬）→二曲（悬崖太高不敢爬）→三曲（爬上小岩石架，不敢攀上岩顶）→四曲（不敢往下爬）→五曲（父亲没有直接抱我下来）。

重点部分，详写我是如何下来的又分三步：第一步有了信心；第二步信心大增；第三步巨大成就感。

这样曲中有曲，折中有折，耐读又有趣。

《爱之链》文中的主人公相互关爱，接成了爱的链条，但每一链上的人物随着环境的变化心情也在发生着变化。

乔伊：因工厂倒闭心情凄凉→面带微笑帮助老妇人→愣住

老妇人：看到乔伊紧张地闭上眼睛→满脸感激→留钱离去

女店主：极度疲劳→面带微笑为老妇人服务→潸然泪下

这前后的变化，无疑是对人物精神品质的赞扬，但不细细品读，却很难发现。正因为乔伊有着真心诚意助人为乐的品质，才有他在困境中依然微笑助人的乐观心态；正因为乔伊精神的感染，才有老妇人的留钱离去；正因为有女店主的热情，才有她的面带微笑服务。爱就是在这样细微的变化中，被一个个具有高尚品格的人串起来，形成了一条坚不可摧的链条。

我们写作时要努力做到一波三折，这样就能使文章更加吸引人。

| 忆凡事　话真情 |

学习到这里,你清楚应该怎样选择材料、组织材料了吗?

请同学们把自己选好的牛皮纸贴在这里吧。后面写一写这个故事,让更多的同学了解故事给你的启迪与感悟。

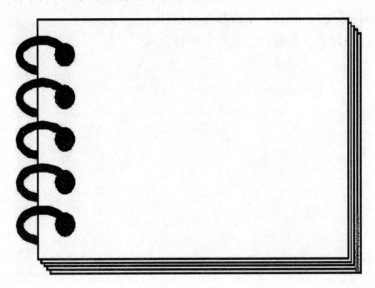

【效果评价】

同学们,自己写好爱的牛皮纸,也通过召开分享会和同学一起分享了,并且修改完善了自己的爱的牛皮纸。在整个实践活动中,自己做得怎么样呢?快找来小伙伴和父母,让他们一起为这次实践活动做一个星级评价吧。五颗星你能得几颗?

星级评价方案

评价者	能够积极参加此次实践活动,在活动中认真完成各项实践任务	能够恰当选择材料、组织材料,写作顺序清楚	学习正面和侧面描写方法,表达对亲人的真挚感情
自己	☆☆☆☆☆	☆☆☆☆☆	☆☆☆☆☆
伙伴	☆☆☆☆☆	☆☆☆☆☆	☆☆☆☆☆
家长	☆☆☆☆☆	☆☆☆☆☆	☆☆☆☆☆

注:优秀4~5颗星,良好2~3颗星,合格1颗星。

【阅读延伸】

《雪梨的滋味》，林清玄，作家出版社。

《小巷深处》，林莉，安徽教育出版社。

《城南旧事》，林海音，光启出版社。

巧排序 条理清

叙述一件事情的时候,为了让读者对事情有清晰完整的印象,我们应该把时间、地点、人物、起因、经过、结果等记叙清楚。你不但可以按时间顺序或事情的发展顺序叙述,也可以把事情发展的结局部分放在文章的开头,然后再交代事情发生的起因和经过。或者在叙述过程中插入一部分内容,为文章起到解释说明的作用。因此,考虑哪些先写,哪些后写,安排好记叙的顺序,就能为文章构建完整的结构,使文章条理清楚。

【范文欣赏】

范文1

跳 水

一艘环游世界的帆船正往回航行。这一天风平浪静,水手们都在甲板上。一只大猴子在人群里钻来钻去,模仿人的动作,惹得大家哈哈大笑。它显然知道大家拿它取乐,因而更加放肆起来。

船长的儿子才十一二岁,他也笑得很开心。猴子忽然跳到他面前,摘下他的帽子戴在自己的头上,很快地爬上了桅杆。水手们又大笑起来,只有那个孩子哭笑不得,眼巴巴地望着猴子坐在桅杆的第一根横木上,摘下帽子来用牙齿咬,用爪子撕,好像故意逗他生气,孩子吓唬它,朝着它大喊大叫。猴子不但不理,还撕得更凶了。

水手们笑得更欢了,孩子却气得脸都红了。他脱了上衣,爬上桅杆去追猴子。他攀着绳子爬到第一根横木上,正要伸手去夺帽子,猴子比他更灵巧,转身抓着桅杆又往上爬。

"你逃不了！"孩子一边追赶一边喊。猴子还不时回过头来逗孩子生气。爬到了桅杆的顶端，它用后脚钩住绳子，把帽子挂在最高的那根横木的一头，然后坐在桅杆的顶端，扭着身子，龇牙咧嘴做着怪样。横木的一头离桅杆一米多。孩子气极了，他的手放开了绳子和桅杆，张开胳膊，摇摇晃晃地走上横木去取帽子。这时候，甲板上的水手全都吓呆了。孩子只要一失足，摔到甲板上就没有命了。即使他走到横木头上拿到了帽子，也难以回转身来。有个人吓得大叫了一声。孩子听到叫声往下一望，两条腿不由得发起抖来。

　　正在这时候，船长从船舱里出来，手里拿着一支枪。他本来是想找海鸥的，看见儿子在桅杆顶端的横木上，就立刻瞄准儿子喊："向海里跳！快！不跳我就开枪了！"孩子心惊胆战，站在横木上摇摇晃晃的，没听明白他爸爸的话。船长又喊："向海里跳！不然我就开枪了！一！二！"刚喊出"三！"孩子往下一纵身，从横木上跳了下来。

　　"扑通"一声，孩子像颗炮弹扎进了海里。二十来个勇敢的水手已经跳进了大海：40秒钟——大家已经觉得时间太长。等孩子一浮上来，水手们就立刻抓住了他，把他救上了甲板。

> 作者：列夫·托尔斯泰（1828—1910年），19世纪末20世纪初俄国最伟大的文学家，也是世界文学史上最杰出的作家之一，他的文学作品在世界文学中占有第一流的地位。他出生于贵族家庭，1840年入喀山大学，受到卢梭、孟德斯鸠等启蒙思想家影响。1847年退学回故乡在自己领地上做改革农奴制的尝试。1851—1854年在高加索军队中服役并开始写作。1854—1855年参加克里米亚战争。几年军旅生活不仅使他看到上流社会的腐化，而且为以后在其巨著《战争与和平》中逼真地描绘战争场面打下基础。代表作有《安娜·卡列尼娜》《战争与和平》《复活》以及自传体小说三部曲《幼年》

> 《少年》《青年》。其他作品还有《一个地主的早晨》《哥萨克》《塞瓦斯托波尔故事集》《琉森》等。他以自己漫长一生的辛勤创作，登上了当时欧洲批判现实主义文学的高峰。

范文2

同志的信任

1935年冬天的一个傍晚，鲁迅先生在预先约定的地点，会见了一个陌生的女青年。互通姓名之后，来客拿出一个小小的纸包，还有一封已经有点磨烂和破损的信，头尾都没有具名。鲁迅先生读完这封短信，和来客谈了一会，把她送走了，自己也立刻带着纸包和那封信，急急忙忙走回家里。

灯下，他郑重地打开纸包，按照那封信里指明的记号，把右角上用墨笔点了两点的一张毛边纸拣出来。那是一张空白毛边纸。鲁迅先生用洗脸盆盛满水，滴入一点碘酒，把纸平放到水面，纸上立刻现出了淡淡的字迹。

这是方志敏同志生前从狱中用米汤写给鲁迅先生的一封信。

方志敏同志在信里说，他已经抱定牺牲的决心，没有任何牵挂和留恋。只有一点，他希望鲁迅先生能把送上的三张白毛边纸和一束文稿，设法转给中国共产党中央委员会。他虽然不认识鲁迅先生，也从来没有通过信，可是确信鲁迅先生一定能够满足一个共产党人临死之前的这个庄严的要求。

一股悲愤的感情涌上鲁迅先生的心头，他目不转睛地看完这封信，苍白的脸色越来越严肃了。他从报上知道，这个写信的人几个月之前，已经在南昌英勇就义，现在却接到了他的亲笔信。事情是千真万确的，这封信就在眼前。鲁迅先生又从头读了一遍。盆里的水逐渐浸渍字迹，字慢慢地模糊起来，模糊起来，终于什么也没有了。

鲁迅先生团起浸湿的纸，揉烂了，把它放进炉子里。他擦干两手，将另外三张空白毛边纸收起，小心地翻阅着墨笔写成的文稿：一篇《清贫》，一篇《可爱的中国》。

方志敏同志是红军第十军的领导人，中国共产党第六届中央委员会委员。长征开始的时候，他是中国工农红军北上抗日先遣队总司令，在进军的路上，打得国民党军队望风而逃。蒋介石一看势头不好，就调集超过先遣队七倍以上的兵力来堵截，在怀玉山把这支远离根据地的队伍包围了。由于叛徒告密，方志敏同志不幸落到敌人的手里。国民党兵士认定他是个当"大官"的人，身边想必带着很多钱。他们威胁他，搜索他，结果却连一个铜圆也没有，失望之余，就抢走了他的怀表和钢笔。

国民党反动派把方志敏同志从上饶解押到南昌，绑着他"游街"，想借此打击中国共产党在江西人民中的威信。方志敏同志一路向群众宣传抗日救国的道理，引来许多听众。敌人又在公园里搭了台，开"庆祝大会"，将他锁起来"示众"。方志敏同志在台上大声演讲，说明只有共产党才能救中国。反动派慌了手脚，把他关进监牢，用金钱、地位引诱他，派遣国民党党棍和劣绅来劝降，一个个都被方志敏同志骂回去。

方志敏同志在狱中受着折磨，又患了重病，却一天也没有忘记党和人民的事业。他利用敌人要他写"自白书"的笔墨，写了充满着爱国主义热情的文章，又秘密地用米汤给党中央写信，总结这次先遣队胜利和失败的经验教训，对今后的工作提出建议。他决定托个可靠的人把这些密信和文稿送出监狱去。可是，红军尚在长征的途中。在国民党反动派统治区，我们党的活动是秘密的，党员的身份是不公开的。叫那送信的人到哪里去找党的关系呢？

方志敏同志思索着，苦恼着。臭虫、蚊子、跳蚤困扰着他，他辗转翻复，昼夜不能安睡：必须给密信和文稿找个可靠的着落。有一次，仿佛暗夜里亮起一道闪光，他突然想起了鲁迅先生。虽然彼此并不认识，然而他读过鲁迅先生的文章，深信鲁迅先生对革命事业的忠诚，决定把在生命的最后时刻写成的信件和文稿,送到鲁迅先生的手里。他完全相信:鲁迅先生一定能够承担起这个十分艰巨和危险的任务。

他又用米汤写了给鲁迅先生的信,心里像放下一块石头,觉得浑身轻松了。方志敏同志具有革命的眼力,他想得一点不错。在白色恐怖弥漫的年代里,无论环境怎样险恶,鲁迅先生一直把密信和文稿珍藏着。他清楚地知道,这是共产党人用鲜血写成的最后的报告,其中有着中国革命经验和教训。直到1936年4月,鲁迅先生在他逝世前半年,才找到了一个稳妥的渠道,把这些重要的文件迅速地转给了中国共产党中央委员会。

鲁迅先生不是中国共产党党员,可是,在所有共产党员的心目中,他永远是一个能以生命相托付的、最可信任的同志。

> 作者:唐弢,原名唐端毅,曾用笔名风子、晦庵、韦长、仇如山、桑天等,著名作家、文学理论家、鲁迅研究家和文学史家,也是中国社会科学院文学研究所研究员。

范文3

一件珍贵的衬衫

在我的家里,珍藏着一件白色的确良衬衫。这不是一件普通的衬衫,这衬衫,凝聚着敬爱的周总理对工人群众的阶级深情。每当我看到它,周总理那高大光辉的形象就浮现在我的眼前;每当我捧起它,就不由得回想起那激动人心的往事。

那是1972年8月3日的夜晚。我在马路上骑自行车,不留神插进了快行线。突然一声紧急刹车,一辆大型"红旗"轿车紧贴着我身体的左侧,"嘎"地停住了。我刚扭过头,这辆车后座旁的窗帘"唰"地拉开了。周总理那慈祥的面容立即跃入了我的眼帘。啊!我仔细再看看,真是我们敬爱的周总理。周总理正亲切地注视着我，目光中充满了关切，充满了爱护，像在询问："同志，碰着了吗？受伤没有？"这时，总理的司机走下车来，站在我身旁问我："同志，碰着没有？"我赶忙回答："没事儿！没事儿！"有关人员迅速察看了现场，决定留下另一辆"红旗"轿车送我去医院检查，总理的车才开走了。

其实，我只是让汽车剐了一下，衬衫剐破了，后背蹭破了一点皮，有啥要紧？自己回家上点药就行了。可是，遵照总理指示留下处理这件事的工作人员，却坚持让我坐进"红旗"轿车，并且脱下衬衫叫我穿上，他自己只穿个背心。我百感交集，思潮翻滚。一个普通工人，由于自己的不慎，蹭破点皮，却受到这样的关怀、照顾，如果不是在社会主义的新中国，不是遇到这样的好总理，哪会有这种事呢！

汽车很快开到了医院。检查将近结束时，屋内的电话铃响了。电话是打给这位工作人员的。通话时，我就坐在离电话机不远的椅子上。我听到，他在电话中说的是我的伤情和检查情况。原来电话是总理打来的。我出神地盯着那话机，心里十分激动，泪水禁不住涌了出来。周总理的工作是多么繁忙，时间是多么宝贵，可是，他老人家在日理万机的情况下，却挂念着我这样一个普通的工人，亲自打电话来询问我的情况。周总理真是人民的好总理，我们工人阶级的贴心人哪！

检查和治疗结束后，这位工作人员打电话把我们车间的支部书记和我们班的班长请来，让他们同我一起到交通队去谈谈情况。"红旗"轿车把我们送到天安门交通队，我们谈了谈这次事故的经过。这时候，国务院的一名工作人员匆匆赶来了，他拿来一件崭新的白色的确良衬衫，要我穿上。我心里激动极了，说什么也不肯收。我猜到，这肯定是周总理出钱买的。我的衬衫剐破了，可这是由于我自己的过失造成的，怎么能叫总理给我买一件新衬衫呢？但这位工作人员坚持叫我收下，说这是领导的指示。我只好收下这件珍贵的衬衫。

这件事已经过去四年多了。但是，这激动人心的一幕，却一直深深地印在我的脑海里。四年来，这件珍贵的衬衫，我精心地收藏着，没有舍得穿它一次。我深深知道，我经历的这件事，在敬爱的周总理一生的伟大革命实践中,不过是微乎其微的一件小事,然而,从这件小事上,我们看到的是周总理那平易近人的高贵品质,对劳动人民的深切关怀,一个伟大的无产阶级革命家的本色。

> 《一件珍贵的衬衫》选自1977年1月22日《北京日报》,原标题《珍贵的衬衫 难忘的深情》;这是在深切悼念周恩来总理逝世一周年的日子里,由北京低压电器厂工人刘秀新口述,《北京日报》记者刘宗明记录整理的文章,改动后选入全国统编教材,改题为《一件珍贵的衬衫》。

【范文解读】

《跳水》赏析

《跳水》是俄国著名作家列夫·托尔斯泰写的一篇小说。文章记叙了在一艘外国帆船上发生的一个十分惊险的故事。一只猴子把船长儿子戴的帽子挂到了桅杆上最高的一根横木的一头。孩子为了追回帽子,走上了横木。在万分紧急的时刻,船长急中生智,用枪逼着儿子跳水,使孩子转危为安。充分表现了船长遇事沉着、机智、果断的品质。

认真阅读文章,你是不是发现了以下特点?

1. 结构完整,线索清晰

《跳水》一文情节曲折,按事情的发展顺序记叙了起因、发展、高潮、结局,环环紧扣,引人入胜。文中用了大量的动词描写猴子,从起先"摘帽子"到"用牙齿咬,用爪子撕",最后"扭着身子,龇牙咧嘴做着怪样,"从这些词句能看出猴子是越来越放肆。因此,孩子的表现从"笑得开心"到"哭笑不得"到"气得脸都红了",最后"气极了"。而旁边的水手们从"大笑起来"到"笑得更欢"也更使得猴子肆无忌惮,从而导致孩子走上绝境。情节跌宕起伏,线索清晰明了。

2. 角色鲜明,联系密切

文章第二、第三、第四自然段中的动作和神态描写,体现出猴子的放肆和孩子的着急。因为猴子越来越放肆,所以孩子越来越生气,因而把事情的发展一步步推向高潮。水手的三次大笑引出孩子的神态变化,正是因为水手的三次笑,使孩子的自尊心受到伤害,故而推动了情节的发展。孩子获救的段落引出船长,人们从船长的言行中能够体会到他的当机立断、沉着果敢。文中每一个角色都不是孤立的,彼此联系密切,相辅相成。

3. 铺垫到位,厚积薄发

船员逗猴子,猴子放肆起来;猴子戏弄孩子,孩子爬上桅杆追猴子;孩子为拿到帽子,走上最高的横木,遇到生命危险;船长命令孩子跳水,水手把孩子救上船。课文在船长出现之前,用了大量的篇幅写了事情的发生、发展经过,更能体现船长的机智、冷静和果断。在这样焦急的情况下,父亲要求孩子往海里跳,且加了"一、二"逼孩子一定要跳,时间不等人,情况危急,不允许啰唆,两句如此简练的话,表现出了父亲在危急关头超人的胆略和智慧。父亲的话语虽然不多,但经过前期大量的铺垫,更加突出文章的主题。

《同志的信任》 赏析

1935年冬,鲁迅收到了方志敏烈士生前托人转交的信件与手稿,里面是《可爱的中国》等作品。这是方志敏烈士在受尽酷刑就义前思量再三的选择。鲁迅先生一直慎重地保存着这些手稿,直到去世前半年,他找到了安全合适的渠道,这些手稿才由他的手转给了中国共产党中央委员会。在所有共产党员的心目中,鲁迅先生虽不是共产党员,但却永远是一个能以生命相托的、最可信任的同志,是能"以生死相托付的最可信任的"同志。

认真阅读文章,你是不是发现了以下特点?

1. 运用插叙，突出主题

文章如果按事情的发展顺序，本文记叙的事件过程应该是：方志敏在狱中写信、写文稿→托人把信及文稿转交鲁迅先生→鲁迅收看信及文稿→珍藏信件及文稿→把信及文稿转交党中央。由于运用插叙的写法，本文写作顺序有了变化。先写鲁迅收信、看信，再介绍方志敏的革命事迹和写密信、文稿的经过，最后写鲁迅转信。插叙是文学创作的一种叙述手法，指在情节的展开过程中，插入一些与情节相关的内容，作为情节的补充。插叙的内容根据表现主题的需要而定，有的是叙述与主要事件相关的另一事件，有的是对出场人物的身世、性格作简要的介绍，也有的是对某种情况产生的原因或某一事物来历作补充性追述。其优点在于它可以不受时间、空间的限制，在作者认为需要的时间和地点，随时插入他所需要叙述交代的材料，十分灵活机动，使作品内容丰富、充实，波澜起伏，曲折回旋。

2. 选材精准，层次分明

文章主要由以下材料组成：①鲁迅灯下读信前的动作。②鲁迅先生看密信时的神情。③鲁迅先生看完信后的心情、表情和感人的动作。文章的第一部分是 1~6 自然段，写鲁迅先生接到方志敏托付他转交党中央的信和文稿。这部分文字交代了时间、地点和主要人物，又可分为两层：第一层是 1 自然段，写鲁迅收信。第二层是 2~6 自然段，写鲁迅看信。第二部分是 7~11 自然段，插叙方志敏的革命事迹。第三部分是 12~13 自然段，用夹叙夹议的方法，写鲁迅完成重托，是最可信任的同志。作者选择有代表性的材料，在材料安排上层次分明，让人一目了然。

3. 语言丰富，感情充沛

文中有这样的语句，"方志敏同志具有革命的眼力，他想得一点不错。在白色恐怖弥漫的年代里，无论环境怎样险恶，鲁迅先生一直把密信和文稿珍藏着。"

"弥漫"，指烟尘、雾气、水等，充满或布满。在文中陈述的是"白色恐怖"——国民党反动派血腥镇压中国共产党和革命人民形成的险恶气氛,用"弥漫"一词,表明这种气氛在那个年代是无处不有的。"白色恐怖"严重,环境极其险恶,而鲁迅先生却完成了同志的嘱托,足见先生对革命事业的忠诚,也足见方志敏同志具有"革命的眼力"。我们在阅读文章时,要结合文章的背景和语言风格,仔细品味作者词句中的味道,体会作者字里行间充沛的感情。

《一件珍贵的衬衫》 赏析

这篇文章主要讲述一名青年工人于1972年8月3日夜因骑车违章被周总理的轿车剐伤,周总理立即让工作人员带他去医院检查,并送给他一件崭新的白衬衫,这名工人始终也没舍得穿过一次,每当看见这件白衬衫,就会想起周总理的崇高品德和光辉形象。本文深刻地表现了周总理热爱人民的崇高品质,也表达了人民群众敬仰、怀念周总理的真挚感情。

认真阅读文章,你是不是发现了以下特点?

1. 结构完整,安排巧妙

文章开头使用了倒叙的写法——"在我的家里,珍藏着一件白色的确良衬衫。……每当我捧起它,就不由得回想起那激动人心的往事。"很显然,用倒叙写法的目的是引出回忆。回忆部分则按照事情的发生、发展、结局来写。结尾一段,交代衬衫现在情况,抒发感想,首尾相顾,浑然一体。

2. 主题鲜明,中心明确

题目作《一件珍贵的衬衫》,有珍贵的衬衫、珍贵的精神双关之意。开头部分用充满感情的语言点明中心;中间部分在叙事的基础上抒发感情和议论,增强文章的感染力;结尾部分,以作者的感受和开头呼应,深化了主题。读者从中感受到了周总理关心群众、热爱人民的高贵品质,体会到了人民群众对总理的崇敬爱戴和怀念的真挚感情。

3. 感情丰富，以小见大

这是件微乎其微的小事。然而，正因为其小、普通，就更见总理无产阶级革命家的本色，更易为群众所感受、所惊叹。本文用词也十分准确，且富有感情色彩。如"百感交集""微乎其微""日理万机"等，在阅读时要细心加以体会。

4. 语言朴实，娓娓道来

因是用"我"的口吻写的，用第一人称叙述，容易使读者感到真实、亲切、自然，增强作品的感染，作者注意到行文的朴实、口语化，力求符合"我"的语言习惯。譬如，"不留神插进了快行线""窗帘'唰'地拉开了""我只是让汽车刹了一下""后背蹭破了一点皮"，这些都是北京很常用的口头语。由于注意了语言的朴实，使人读来确实像一个普通的青年工人在那里娓娓叙说。

【范文引路】

同学们一定能够发现三篇文章布局上的区别，我们既可以按照时间或事情发展顺序来写，也可以运用倒叙或插叙来写。兰德尔说过，"结构是一切意思和意义的基础"，"没有结构任何东西都不存在，都不可设想。"这话告诉我们，文章的结构是很重要的，我们要引起足够的重视。在一篇文章中，结构和语言一样，都是给文章内容以具体形态的东西。结构，不仅关系文章的表达质量，而且在一定意义上还可以生成或者改变思想内容。今天，我们用眼睛去观察周围的事件，用笔记下那一个个精彩瞬间。

做一做

生活中如果某些人或事引起了我们的兴趣，使我们触动，让我们得到启发，引起了我们的联想，这时，我们就会产生一种想反映事物、表达感受的念头。快快快，用笔写下来吧。

每天都有许多事情发生在身边，例如，在家里、在校园、在社区……我会选择最感兴趣的事情写下来。

我喜欢旅游，异地他乡有许许多多令我新奇的人和事，我要把这些记下来。

有时爸爸妈妈或者老师会为我们讲一些他们身边的事情，我对这些事情非常感兴趣，因此，我要把这些事记录下来。

同学们，让我们赶紧行动起来，用文字冻结这永恒的瞬间吧！

语文实践活动习作卡（一）

事件	选择理由

说一说

我们每个人记录的事件不同，选择的材料不同，安排写作的顺序不同，表达的情感不同，读一读三篇范文，我们一定会有收获。

材料凸显主题

读了三篇文章，我发现了一个共同特点——选择的材料都很有特点。

| 巧排序　条理清 |

你是否也发现自己要写的事件与一个特殊的事物密切联系？

语文实践活动习作卡（二）

事件	相关联的事物

同学昏迷时,老师焦急的眼神;救护车不能进入学校,老师着急的眼神;老师背起学生,充满希望的眼神。

那这篇文章可以叫《眼神》。

材料安排有序

我的材料选好了,如何安排这些材料呢?

我学习了上面的三篇文章,整理了文章的结构安排。

文章	写作顺序	内容
《跳水》	顺叙	起因(猴子追帽子)——经过(孩子追帽子)——高潮(孩子遇危险)——结尾(船长救孩子)
《同志的信任》	插叙	先写鲁迅收信、看信,再介绍方志敏的革命事迹和写密信、文稿的经过,最后写鲁迅转信
《一件珍贵的衬衫》	倒叙	文章开头使用了倒叙的写法引出回忆。回忆部分则按照事情的发生、发展、结局来写。结尾一段,交代衬衫现在情况,抒发感想

| 巧排序　条理清 |

如果你也选好了这些事情，不妨试试这些方法，安排自己作文的写作顺序。

材料彼此相联

你们也来读一读，试着填一填下面的表格，看看有什么发现。

语文实践活动习作卡（三）

事件	关联

你们一定发现了，列夫·托尔斯泰的《跳水》，每个材料之间都有一定的关系。猴子把帽子挂上桅杆，孩子冲动爬上桅杆，船员起哄鼓掌，

船长使孩子转危为安。没有哪一个事件是独立存在的，都是为中心服务的，为其他材料服务的。因此，我们还可以根据自己选择的材料，从不同方面组织材料来突出主题。

写一写

"结构"一词，本意是指建筑房屋所立起来的间架，是建筑学的专用术语。我们借用来指文章的组织形式。文章的写作，不但要言之有物（有材料、有内容）、言之成理（有主题、有思想），而且还必须言之有序，就是说要考虑先写什么、后写什么，如何开头，如何结尾，如何过渡承接，如何详略得当，等等。我们把这种为表现文章内容所做的材料的组织安排，叫作文章的结构。

同学们，经过前面的读一读、说一说，你对自己的习作是否信心满满呢？现在，让我们拿起笔来，先为我们的文章写一个提纲，构建起文章的骨架，然后将自己准备好的材料，巧妙地组织起来，记录精彩的故事。

_____

_____

_____

_____

【效果评价】

星级评价方案

评价者	能够选择有特点的材料	能够按照一定的顺序组织材料	材料之间彼此关联
自己	☆☆☆☆☆	☆☆☆☆☆	☆☆☆☆☆
伙伴	☆☆☆☆☆	☆☆☆☆☆	☆☆☆☆☆
家长	☆☆☆☆☆	☆☆☆☆☆	☆☆☆☆☆

注：优秀4~5颗星，良好2~3颗星，合格1颗星。

【阅读延伸】

《文化苦旅》，余秋雨，长江文艺出版社。
《顶碗少年》，赵丽宏，人教版小学语文第十二册。
《凡卡》，契科夫，人教版课标本第十二册。

写景物　表情感

　　大自然的一山一水、一草一木、明月烈日、白云彩霞等自然景观令我们赞叹，同时它们承载着我们的无限情思和理想，因此鉴赏时不能拘泥于景物本身，而要通过景物的特点，由表象到思想，由有限到无穷，由具体到空灵，由物到情，景生情，情生景，情景交融，浑然一体。实现景与情的融合美。这就是所谓的借景抒情吧！也就是王国维说的："一切景语皆情语。"

【范文欣赏】

范文1

美丽的秋天

　　秋天，不像春天那样万紫千红，也不像夏天那样生机盎然，更不像冬天那样粉妆玉砌，但是也有它独特的美。

　　秋天是成熟的季节，果园里，苹果树、橘子树、葡萄树，纷纷为人们献出丰硕的果实。农民伯伯有的在摘苹果，有的在摘葡萄，一个个红红的大苹果、一串串紫莹莹的葡萄把枝头都压弯了。农民伯伯笑得嘴都快合不拢了。

　　花草树木也失去了原来的活力都枯黄了，落下来的树叶像一只只漂亮的蝴蝶在翩翩起舞。秋风一吹，一片橘叶旋转飞起来，我轻轻地走过去打算捉住这秋天的信使。

　　抬头一看，蔚蓝的天空没有一丝云彩，一行大雁排成"人"字、"一"字向南飞。田野里，瑟瑟的秋风把谷子吹得黄澄澄的，一颗颗黄灿灿饱满的玉米向人们展示了秋天独有的姿色。农民伯伯正忙着收谷子、玉米呢！汗水顺着农民伯伯的脸颊流淌，但喜悦的笑容挂在他们的脸上。

我来到公园里，公园里的菊花，红的似火，粉的如霞，白的像雪，黄的赛金。微微的秋风吹来，阵阵的桂花香沁人心脾。桂花的颜色也多种多样，银桂，白白的，使你感到它纯洁无比，金桂，金灿灿，像满天的晚霞。

我爱秋天的景色，因为它象征着成熟，它把丰收的喜悦带给人间。

范文 2

倾听雨的声音

有一种声音，不似风吹落叶般静美；没有湖面微波般轻柔；可它有独到的细腻、安谧。它就是春天的使者——春雨。它，滋润万物，用神奇的药水涂抹着单调的大地。

乍暖还寒的春夜，你什么也无须做，捧一杯清茶，啜上几口，闭上眼睛，脑海里就会浮现出这样一幅画：大地是一张白纸，天上有绿色的水滴落下，大地便泛起一片绿意，嫩绿的小草冲破地皮蹦出来，青葱的苞芽顶开树皮冒出来，青青的麦苗窜过泥土钻出来……"嗖嗖嗖""嗒嗒嗒"组成了一首《春雨交响乐》。

"好雨知时节，当春乃发生。"这句诗就不由得在你耳边响起，随之而来的是一幅《春夜听雨图》。"多及时的雨啊！"杜甫自言自语道，"你知道时节的变化，到了春天就应时而生。"没有划破夜空的宁静，悄悄的，如牛毛，如细线，如银针，滴落在大地上，像一股清泉流进了植物的心田，也随柔风进入人的心里。杜甫心中充满了春天的喜悦：明日一早去看一看整个锦官城吧！它一定汇成花的海洋。

春雨用它博大的胸怀，滋润万物，无声无息，多么令我们敬佩啊！老师不正如这春雨吗？作业本上详细的评语；台灯下殷勤的身影；办公室中耐心的训导……不都是春雨般的润泽吗？默默无闻，无私奉献，神奇地培育着满园桃李，正所谓春雨润物，花开无声。

我听到了，听到了春雨的声音，你是无私的，你是奉献的。这是生命的声音。

范文3
告别月夜的沉寂

坐在窗前，明月依旧。月光从窗前滑落，如丝，如绸……不知是谁将这一轮满月推上天空，我望着如镜的圆月，望着寂静的黑夜，显得无比惆怅。

我对着月亮诉说我的故事，诉说我的烦恼。六年级最后的日子里，一次又一次的考试，分数击打着我的心，在不停给我敲响警钟。月亮高高地挂在枝头，月光凄凉地扫向大地，更增添了我的愁绪。

噢！我突然明白了什么，月亮正是经历了弦月才赢得现在的满月啊！在无数个黑夜，它默默地努力着、奋斗着，等待满月的一天。

是谁举杯邀月，共论成败？是谁长夜伴月，共诉衷肠？古往今来，有多少愁思寄于月亮？今夜，我却要告别月夜。

我要告别月夜的沉寂，我要告别这忧伤的气氛。

我打开窗子，不是为了诉说，不是为了悲伤，我仔细端详着这轮满月，明亮而又端庄，清爽而不妖媚，这就是月亮本来的色彩吧！月盈月亏，月亏月盈，它一如既往坚守着光亮。

月光依旧，我坐在书桌前，开心一笑，我知道我要告别月夜的沉寂，告别我的烦恼，告别我的过失，我又要重新上路了。

"君不见，此月方从远古来，历沧桑，经兴衰，看千古风流，看花开花落，初夏月高悬不语，娟然如洗！"

我告别月夜的沉寂，我会变成一轮满月！

【范文解读】

《美丽的秋天》 赏析

《美丽的秋天》这篇文章小作者抓住了秋天的果园、田野、公园等地方的景物特点，想到了秋天是丰收的季节，更联想到农民的喜悦心情；通过对秋天动植物的描绘，展现了秋季的美丽风景，表达了作者对秋天的喜爱和丰收的喜悦之情，带领大家全面体会了秋季的独特美。小作者发挥奇妙想象，运用夸张、拟人、排比等修辞手法，把感情渗透于字里行间，融于景物描写之中，使一切景物都含情，一切景语皆情语。

《倾听雨的声音》 赏析

《倾听雨的声音》这篇文章的小作者感情细腻。他通过细心的观察、倾听，用心去感受这春雨的默默无闻滋润万物。通过对春雨无私滋养着大地这一特点的描写，由此想到了杜甫的诗，想到了辛勤工作的老师，表达了对春雨的赞美与喜爱之情。景是外在的，情是内在的。触景生情，因情设景，但都必须融情于景，景中含情，并融入了自己的思想，清新的语句，更富有感染力，让读者产生共情。

《告别月夜的沉寂》 赏析

《告别月夜的沉寂》这篇文章题目吸睛，小作者借助月光抒发自己的愁绪，又由弦月变满月悟出人生的道理。通过多个设问，表达借月抒情的思绪，由此告诫自己告别这月夜的沉寂，期待未来的美好！景物描写会随着人物的心情变化而变化。就比如说这月光：心情好时，它是明亮而又端庄，清爽而不妖媚；心情不好时，它是那样清冷而凄凉。所以说，不同的人眼里的景物是不同的，不同的心情眼里的景物也是不同的。小作者善于观察、善于反思，通过对月的观察，分析了成功背后必有辛酸历程，引出阳光总在风雨后的哲理，抒发了其豁达的心胸和要为目标而奋斗的决心。读者在寂静的文字中，会感悟到不怕艰难困苦的信念和满满的正能量。

【范文引路】

大自然物换星移，雨雪云雾、一山一水、一草一木，甚至人们生活的一些环境，无不向人们展示着一种美，使人们触景生情，或赞扬、或感叹，并想用语言文字将这美景及瞬间的感情记录下来，你们的头脑中有这样的记录吗？赶紧搜寻一下吧！

说一说

同学们，在你记忆的长河中，哪些景物让你回味无穷？如果你的记忆中还没有让你心仪的美景瞬间，那就赶快走出家门，去发现大自然奇观吧。

我发现春天万物复苏，柳枝换上嫩绿的春装，小草从地里悄悄地探出了头……一派生机勃勃的景象！好像沉睡的大地睡醒了，一切又都活泼了起来！

我悄悄地来到了秋天的小树林，树叶红了、黄了，秋风吹过片片落叶宛如一只只彩色的蝴蝶翩翩起舞。柔软的落叶铺满大地，就像踩在金黄色的地毯上，走起来让人心旷神怡。

我同意！看到美丽的景物，我们的心情都不一样了！

是呀！美丽的景色让我们心旷神怡，置身其中，是那么轻松、快乐，像飞出笼的小鸟一样，自由自在！

你喜欢哪个季节呢？你又喜欢哪些景物呢？赶紧做个攻略，在不同的季节，去感受大自然的奇观吧！

| 写景物 表情感 |

感受自然奇观的攻略

季节	游览地点	著名景观	查阅攻略资料	初步感受
春				
夏				
秋				
冬				

别忘了，在欣赏美景的同时，顺便记下自己的感受，并且起个有个性的名字吧。

哇，你的攻略做得真详细，记录得也很清楚！你能和我分享一下吗？

好呀，我想我说完了，你一定也会想去的。

你能把你看到的自然景物以及自己的感受和朋友们进行一下分享吗？我们该怎么介绍才能吸引小伙伴们，才能把看到的景物特点说清楚并让他们身临其境呢？如果还有困难的话，阅读范文可以帮助我们。去读一读前面的三篇范文，看看作者是怎么把景物特点以及自己的感受记叙下来的。

抓景物　谈感受

《美丽的秋天》这篇文章，作者都对哪些地方进行了描写？抓住了哪些景物特点呢？写出了自己怎样的感受呢？

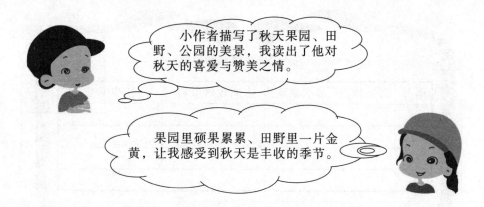

小作者在抓住秋天不同地方的景物进行描写的同时，还对谁进行了描写？这是为什么呢？

文章中一定有很多让你喜欢的句子，把它们摘抄下来，说说自己喜欢的理由。

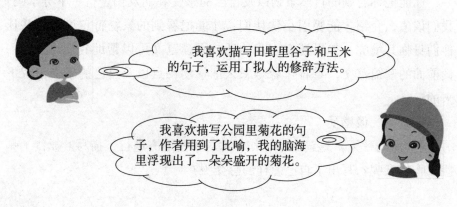

同学们真不错,找到了自己喜欢的句子,写出了喜欢的理由,快和大家一起分享吧。

在读文章的时候,我们不仅要感受景物的特点,还要展开想象或者联想!这样就会使人耳目一新,感同身受。赶紧读一读《倾听雨的声音》,看看作者透过这春雨,想到了什么,又抒发了怎样的情感。

《倾听雨的声音》

观察	倾听	感受	联想

是呀，作者抓住了春雨"细""润"的特点进行描写，让春雨走进了我们的内心，抒发了作者对春雨的喜爱与赞美之情。

写景的目的，不应为写景而写景，重要的是反映作者的思想感情。只有这样，才能为文章注入活力，才能写出生动形象的文章。

学方法　悟心境

怎么才能把景物写活呢？《告别月夜的沉寂》这篇文章中藏着好方法，我们快来读读吧。

《告别月夜的沉寂》的哪些描写给你留下了深刻的印象？

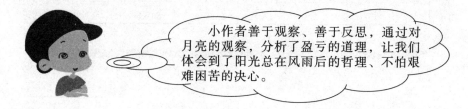

请同学们默读《告别月夜的沉寂》，看看怎样才能做到情景交融。

我觉得应该边写景边抒情，小作者就是借助月亮随着时间的不断变化，表达自己心情也在不断变化。

月夜随着小作者心情的变化发生了哪些变化？

特点	作者心情	眼中的景物
月夜的沉寂		

在写景作文中，景物有静态与动态的区别。自然景色总是沉静的，但又都在不断地运动与变化之中。写景时既要注意静态的景，又要善于看出景中的动态，做到静中有动，动中有静，动静结合。作者在观察景物的时候，眼中的景物也会随着人物心情的变化而变化。

同学们抓住了特点，并产生联想，将自己的情感与景物的特点紧紧地联系在了一起。快来和自己的小伙伴一起说说你看到的自然奇观吧。

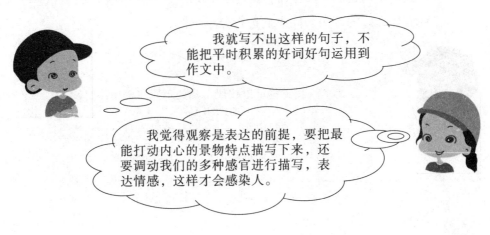

我就写不出这样的句子，不能把平时积累的好词好句运用到作文中。

我觉得观察是表达的前提，要把最能打动内心的景物特点描写下来，还要调动我们的多种感官进行描写，表达情感，这样才会感染人。

观察和感受景物还需要发动各种感觉器官,从不同感觉、不同的角度进行描写,这样才会使人身临其境。

巧安排　谋布局

抓住景物特点,运用修辞手法,合理展开想象或联想写好片段之后,就掌握了写景的基本方法,但只有片段还不能称为一篇文章。如何将零碎的写景片段组织起来形成一篇文章呢?

我们再来快速读读三篇范文,看看能不能从中学习一些方法,让我们的表达更加精彩。

我发现《美丽的秋色》这篇文章按照不同地方景物特点进行描写,层层深入地介绍了秋天的特点,读起来回味无穷。

我也发现这个特点了,而且,我还发现《告别月夜的沉寂》这篇文章按照时间的变化进行描写。

回忆我们学习的课文,你们有什么可以借鉴的安排材料的方法吗?你自己还有什么好的方法和同学们进行分享吗?

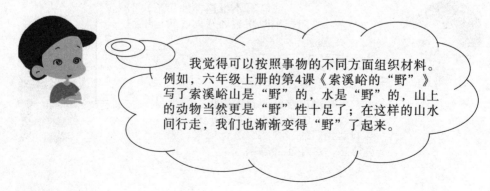

我觉得可以按照事物的不同方面组织材料。例如,六年级上册的第4课《索溪峪的"野"》写了索溪峪山是"野"的,水是"野"的,山上的动物当然更是"野"性十足了;在这样的山水间行走,我们也渐渐变得"野"了起来。

| 写景物 表情感 |

看,像这样安排所讲内容,我们的表达更严谨,描述更清楚,别人也就能听明白了。所以我们要善于选用身边之景,选择印象深刻的景物,运用学过的修辞手法,学会布局谋篇,使文章有条理,写出真情实感,表达对景物的喜爱之情。

写一写

自然界中,你留心观察过身边的景物吗?你有写下它的冲动吗?拿起手中的笔,抒发心中的情吧!

它们都有什么特点?由此你想到了什么?我们先列一个提纲吧!

景 物	特 点	联 想	心 情

按照所列提纲,组织好材料,把你印象深刻的景物介绍给大家吧!一定要做到:眼中有景,心中有情。

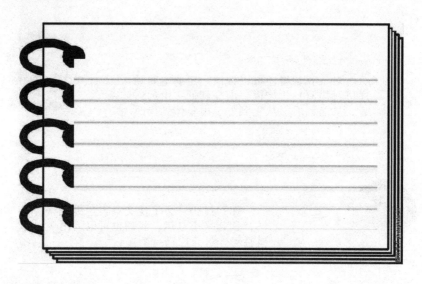

【效果评价】

在整个实践活动中,自己做得怎么样呢?快找来小伙伴和父母,让他们一起为这次实践活动做一个星级评价吧。五颗星你能得几颗?

星级评价方案

评价者	能够积极参加此次实践活动,在活动中认真完成各项实践任务	学习作者的描写方法,展现景物特点,感悟作者有序的表达	对自己印象深刻的景物进行描述,展开联想,情景交融
自己	☆☆☆☆☆	☆☆☆☆☆	☆☆☆☆☆
伙伴	☆☆☆☆☆	☆☆☆☆☆	☆☆☆☆☆
家长	☆☆☆☆☆	☆☆☆☆☆	☆☆☆☆☆

注:优秀4~5颗星,良好2~3颗星,合格1颗星。

【阅读延伸】

《海滨仲夏夜》,峻青,山东教育出版社六年级上册。

《小站》,袁鹰,人民教育出版社五年级下册。

《内蒙风光》,老舍,宁夏出版社。

重顺序　揽人文

　　北京的故宫、北海，西安的兵马俑，甘肃莫高窟石刻，苏州的园林以及意大利的威尼斯等这些闻名于世的游览胜地，都是前人为我们留下的宝贵人文景观。鲁迅故居、三味书屋、鲁迅纪念堂，以及象征我们民族精神的古长城等旅游景点也都是我们熟悉的人文景观。所以人文景观具有浓郁的民族特色，具有观赏价值。下面我们就去了解一下人类历史文化的结晶——人文景观。

【范文欣赏】

　　范文 1

苏州园林

　　苏州园林据说有一百多处，我到过的不过十多处。其他地方的园林我也到过一些。倘若要我说说总的印象，我觉得苏州园林是我国各地园林的标本，各地园林或多或少都受到苏州园林的影响。因此，谁如果要鉴赏我国的园林，苏州园林就不该错过。

　　设计者和匠师们因地制宜，自出心裁，修建成功的园林当然各个不同。可是苏州各个园林在不同之中有个共同点，似乎设计者和匠师们一致追求的是：务必使游览者无论站在哪个点上，眼前总是一幅完美的图画。为了达到这个目的，他们讲究亭台轩榭的布局，讲究假山池沼的配合，讲究花草树木的映衬，讲究近景远景的层次。总之，一切都要为构成完美的图画而存在，决不容许有欠美伤美的败笔。他们唯愿游览者得到"如在画图中"的美感，而他们的成绩实现了他们的愿望，游览者来到园里，没有一个不心里想着、口头说着"如在画图中"的。

我国的建筑，从古代的宫殿到近代的一般住房，绝大部分是对称的，左边怎么样，右边也怎么样。苏州园林可绝不讲究对称，好像故意避免似的。东边有了一个亭子或者一道回廊，西边决不会来一个同样的亭子或者一道同样的回廊。这是为什么？我想，用图画来比方，对称的建筑是图案画，不是美术画，而园林是美术画，美术画要求自然之趣，是不讲究对称的。

　　苏州园林里都有假山和池沼。假山的堆叠，可以说是一项艺术而不仅是技术。或者是重峦叠嶂，或者是几座小山配合着竹子花木，全在乎设计者和匠师们生平多阅历，胸中有丘壑，才能使游览者攀登的时候忘却苏州城市，只觉得身在山间。至于池沼，大多引用活水。有些园林池沼宽敞，就把池沼作为全园的中心，其他景物配合着布置。水面假如成河道模样，往往安排桥梁。假如安排两座以上的桥梁，那就一座一个样，决不雷同。池沼或河道的边沿很少砌齐整的石岸，总是高低屈曲任其自然。还在那儿布置几块玲珑的石头，或者种些花草：这也是为了取得从各个角度看都成一幅画的效果。池沼里养着金鱼或各色鲤鱼，夏秋季节荷花或睡莲开放，游览者看"鱼戏莲叶间"，又是入画的一景。

　　苏州园林栽种和修剪树木也着眼在画意。高树与低树俯仰生姿。落叶树与常绿树相间，花时不同的多种花树相间，这就一年四季不感到寂寞。没有修剪得像宝塔那样的松柏，没有阅兵式似的道旁树：因为依据中国画的审美观点看，这是不足取的。有几个园里有古老的藤萝，盘曲嶙峋的枝干就是一幅好画。开花的时候满眼的珠光宝气，使游览者感到无限的繁华和欢悦，可是没法说出来。

　　游览苏州园林必然会注意到花墙和廊子。有墙壁隔着，有廊子界着，层次多了，景致就见得深了。可是墙壁上有砖砌的各式镂空图案，廊子大多是两边无所依傍的，实际是隔而不隔，界而未界，因而更增加了景致的深度。有几个园林还在适当的位置装上一面大镜子，层次就更多了，几乎可以说把整个园林翻了一番。

　　游览者必然也不会忽略另外一点，就是苏州园林在每一个角落都注意图画美。阶砌旁边栽几丛书带草。墙上蔓延着爬山虎或者蔷薇木香。

如果开窗正对着白色墙壁,太单调了,给补上几竿竹子或几棵芭蕉。诸如此类,无非要游览者即使就极小范围的局部看,也能得到美的享受。

苏州园林里的门和窗,图案设计和雕镂琢磨功夫都是工艺美术的上品。大致说来,那些门和窗尽量工细而决不庸俗,即使简朴而别具匠心。四扇,八扇,十二扇,综合起来看,谁都要赞叹这是高度的图案美。摄影家挺喜欢这些门和窗,他们斟酌着光和影,摄成称心满意的照片。

苏州园林与北京的园林不同,极少使用彩绘。梁和柱子以及门窗栏杆大多漆广漆,那是不刺眼的颜色。墙壁白色。有些室内墙壁下半截铺水磨方砖,淡灰色和白色对衬。屋瓦和檐漏一律淡灰色。这些颜色与草木的绿色配合,引起人们安静闲适的感觉。花开时节,更显得各种花明艳照眼。

可以说的当然不止以上写的这些,这里不再多写了。

> 作者:叶圣陶(1894—1988年)原名叶绍钧,现代著名作家、教育家。代表作品:短篇小说集《隔膜》《火灾》等,童话《稻草人》《古代英雄的石像》等,长篇小说《倪焕之》等。叶圣陶有"优秀的语言艺术家"之称。

范文2

早

深冬,酿雪的天气。我们在绍兴访问三味书屋。从新台门走几分钟,过一道石桥,踏进坐南朝北的黑油竹门就到了。

三味书屋是三间的小花厅。还没进门,迎面先扑来一阵清香。那清香纯净疏淡,像是桂花香,又像是兰花香。细想又都不像,因为小寒前后,桂花早已开过,兰花却还要迟些日子才开。是什么香呢?据说"三味"是把书比作五谷、蔬菜、点心的,也许这就是书香?三味书屋是几十年前的书塾,当年"诗云""子曰",咿咿呀呀的读书声,街上都能听得到。

书屋朝西,门两边开窗。南墙上有一个圆洞门,里边有小匾,上题"停云小憩"。东面正中挂一幅画,画上古树底下伏着一只梅花鹿。那是当年学生朝着行礼的地方。画前面,正中是先生的座位,朴素的八仙桌,高背的椅子,桌子上整齐地放着笔墨纸砚和一把不常使用的戒尺。学生的书桌分列在四面,东北角上是鲁迅用过的一张。当年鲁迅就在那里读书、习字、对课,或者把宣纸蒙在《西游记》一类的小说上描绣像。现在所有书桌旁边的椅子当然都是空的。想到几十年前若是遇到这种情形,寿镜吾老先生该会喊了吧:"人都到哪里去了!"默默中我仿佛听到了那严厉的喊声,同时记起鲁迅在文章里写过书屋后面有一个园子,园子里有许多蜡梅。

我忽然明白了清香的来源:是蜡梅花。

迈进后园,蜡梅开得正盛,几乎满树都是花。那花白里透黄,黄里透绿,花瓣润泽透明,像琥珀或玉石雕成的,很有点冰清玉洁的韵致。梅飘香而送暖,梅花开的时候,正预示着春天的到来。二十四番花信风,一候是梅花,开得最早。

早啊!鲁迅的书桌上就刻着一个"早"字。

这个字还有这样一段来历:那年鲁迅的父亲生了病,躺在床上。鲁迅一面上书塾,一面要帮家务,天天奔走于当铺和药铺之间。有一天早晨,鲁迅上学迟到了。素以品行方正、教书认真著称的寿镜吾老先生严厉地说了这样一句话:"以后要早到!"鲁迅听了没有说什么,默默地回到座位上。他在书桌上轻轻地刻了一个小小的字:"早"。从那以后,鲁迅上学就再也没有迟到过,而且时时早,事事早,奋斗了一生。

是啊,的确要早。要珍惜清晨,要珍惜春天,要学梅花,作"东风第一枝"。

> 作者：吴伯箫（1906—1982年），原名熙成，当代著名的散文家和教育家。曾任全国中学语文教学研究会会长、《写作》主编、中国写作研究会会长等职，并参加郭沫若著作编辑委员会领导工作。

范文3

威尼斯

威尼斯（Venice）是一个别致地方。出了火车站，你立刻便会觉得：这里没有汽车，要到哪儿，不是搭小火轮，便是雇"刚朵拉"（Gondola）。大运河穿过威尼斯像反写的S，这就是大街。另有小河道四百十八条，这些就是小胡同。轮船像公共汽车，在大街上走；"刚朵拉"是一种摇橹的小船，威尼斯所特有，它哪儿都去。威尼斯并非没有桥；三百七十八座，有的是。只要不怕转弯抹角，哪儿都走得到，用不着下河去。可是轮船中人还是很多，"刚朵拉"的买卖也似乎并不坏。

威尼斯是"海中的城"，在意大利半岛的东北角上，是一群小岛，外面一道沙堤隔开亚得利亚海。在圣马克方场的钟楼上看，团花簇锦似的东一块西一块在绿波里荡漾着。远处是水天相接，一片茫茫。这里没有什么煤烟，天空干干净净；在温和的日光中，一切都像透明的。中国人到此，仿佛在江南的水乡；夏初从欧洲北部来的，在这儿还可看见清清楚楚的春天的背影。海水那么绿，那么酽，会带你到梦中去。

威尼斯不单是明媚，在圣马克方场走走就知道。这个方场南面临着一道运河；场中偏东南便是那可以望远的钟楼。威尼斯最热闹的地方是这儿，最华妙庄严的地方也是这儿。除了西边，围着的都是三百年以上的建筑，东边居中是圣马克堂，却有了八九百年——钟楼便在它的右首。再向右是"新衙门"；教堂左首是"老衙门"。这两溜儿楼房的下一层，现在满开了铺子。铺子前面是长廊，一天到晚是来来去去的人。紧接着教堂，直伸向运河去的是公爷府；这个一半属于小方场，另一半便属于运河了。圣马克堂是方场的主人，建筑在十一世纪，原是卑赞廷式，以直线为主。十四世纪加上戈昔式的装饰，如尖拱门等；十七世纪又参入文艺复兴期的装饰，如栏干等。所以庄严华妙，兼而有之；这正是威尼斯的漂亮劲儿。教堂里屋顶与墙壁上满是碎玻璃嵌成的画，大概是真金色的底，蓝色或红色的圣灵像。这些像做得非常肃穆。教堂的地是用大理石铺的，颜色花样种种不同。在那种空阔阴暗的氛围中，你觉得伟丽，也觉得森严。教堂左右那两溜儿楼房，式样各别，并不对称；钟楼高三百二十二英尺，也偏在一边儿。但这两溜房子都是三层，都有许多拱门，恰与教堂的门面与圆顶相称；又都是白石造成，越衬出教堂的金碧辉煌来。教堂右边是向运河去的路，是一个小方场，本来面目显得空阔些，钟楼恰好填了这个空子。好像我们戏里的大将出场，后面一杆旗子总是偏着取势；这方场的建筑，节奏其实是和谐不过的。十八世纪意大利卡那来陀（Ganaletto）一派画家专画威尼斯的建筑，取材于这方场的很多。德国德莱司敦画院中有几张，真好。

公爷府里有好些名人的壁画和屋顶画，丁陶来陀（Tintoretto，十六世纪）的大画《乐园》最著名；但更重要的是它建筑的价值。运河上有了这所房子，增加了不少颜色。这全然是戈昔式；动工在九世纪初，以后屡次遭火，屡次重修，现在的据说还是原来的式样。最好看的是它的西南两面；西南斜对着圣马克方场，南面正在运河上。在运河里看，真像在画中。它也是三层：下两层是尖拱门，一眼看去，无数的柱子。最下层的拱门简单疏阔，是载重的样子；上一层便繁密得多，为装饰之用；最上层却更简单，一根柱子没有，除了疏疏落落的窗和门之外，都是整块的墙面。墙面上用白的与玫瑰红的大理石砌成素朴的方纹，在日光里鲜明得像少女一般。威尼斯真不愧着色的能手。这所房子从运河中看，好像在水里。下两层是玲珑的架子，上一层才是屋子；这是很巧的结构，加上那艳而雅的颜色，令人有惝恍迷离之感。府后有太息桥；从前一边是监狱，一边是法院，狱囚提讯须过这里，所以得名。拜伦诗中曾咏此，因而便脍炙人口起来，其实也只是近世的东西。

威尼斯的夜曲是很著名的。夜曲本是一种抒情的曲子，夜晚在人家窗下随便唱。可是运河里也有：晚上在圣马克方场的河边上，看见河中有红绿的纸球灯，便是唱夜曲的船。雇了"刚朵拉"摇过去，靠着那个船停下，船在水中间，两边挨次排着"刚朵拉"，在微波里荡着，像是两只翅膀。唱曲的有男有女，围着一张桌子坐，轮到了便站起来唱，旁边有音乐和着。曲词自然是意大利语，意大利的语音据说是最纯粹，最清朗。听起来似乎的确斩截些，女人的尤其如此——意大利的歌女是出名的。音乐节奏繁密，声情热烈，想来是最流行的"爵士乐"。在微微摇摆的红绿灯球底下，颤着酽酽的歌喉，运河上一片朦胧的夜也似乎透出玫瑰红的样子。唱完几曲之后，船上有人跨过来，反拿着帽子收钱，多少随意。不愿意听了，还可到第二处去。这个略略像当年的秦淮河的光景，但秦淮河却热闹得多。

从圣马克方场沿河直向东去，有一处公园；从一八九五年起，每两年在此地开国际艺术展览会一次。今年是第十八届；加入展览的有意、荷、比、西、丹、法、英、奥、苏俄、美、匈、瑞士、波兰等十三国，意大利的东西自然最多，种类繁极了；未来派立体派的图画雕刻，都可见到，还有别的许多新奇的作品，说不出路数。颜色大概鲜明，教人眼睛发亮；建筑也是新式，简截不罗嗦，痛快之至。苏俄的作品不多，大概是工农生活表现，兼有沉毅和高兴的调子。他们也用鲜的颜色，但显然没有很费心思在艺术上，作风老老实实，并不向牛犄角里寻找新奇的玩意儿。

威尼斯的玻璃器皿，刻花皮件，都是名产，以典丽风华胜，缂丝也不错。大理石小雕像，是著名大品的缩本，出于名手的还有味。

作者：朱自清（1898—1948年），原名自华，号秋实，后改名自清，字佩弦。近代散文家、诗人、学者、民主战士。1928年第一本散文集《背影》出版。1934年，出版《欧游杂记》和《伦敦杂记》。1935年，出版散文集《你我》。

【范文解读】

《苏州园林》赏析

《苏州园林》是著名作家叶圣陶的代表作之一。作者从游览者的角度,概括出数量众多、各具匠心的苏州园林共同特点。这种写作顺序是移步换景,进而从多方面进行说明。文章的特别之处是采用先总后分式的结构展开,使这篇文章像是一把钥匙,打开了苏州园林之美的奥秘之门。

文章从游览者的角度来概括苏州园林的特点,这就是:务必使游览者无论站在哪个点上,眼前总是一幅完美的图画。文章是先从亭台轩榭的布局、假山池沼的配合、花草树木的映衬、近景远景的层次等四个主要方面,再从每一个角落的构图美、门窗的图案美、建筑的色彩美等三个细微方面来具体说明这个特点的。

总之,《苏州园林》突破时间和空间的限制,融说明、记叙、议论于一炉,以精炼优美的语言、严谨的结构,从游览者的角度抓住苏州园林的艺术特点,条分缕析作了正确、深刻的介绍,使文章既眉目清楚,生动形象,又耐人寻味,启人兴趣。此文章不仅给人以知识,更重要的是给人以美的享受。

《早》赏析

《早》是吴伯箫先生访问三味书屋后写的一篇散文。文章主要记叙了三味书屋的陈设、后园的梅花和鲁迅书桌上"早"字的来历,赞扬鲁迅先生时时早、事事早的精神,暗示人们要珍惜时间。文章的写作特点:①按作者的游览顺序写。②形散神聚,内涵丰富,写法灵活。作者不光记录访问的所见所闻,同时展开丰富的联想,把三味书屋的陈旧、简陋又精致的工笔描写与对蜡梅的充满生命活力的写意描写相结合,把现实的无声的静态描写与历史的有声的动态描写相结合,把借物喻人的写法和直抒胸臆的写法相结合,使得今天的三味书屋依旧充满文化气息,依旧折射出伟人的民族精神。③文笔隽永,语言流畅,过渡自然。从文章中不难看出,吴伯箫先生是带着一种对鲁迅幼学足迹的追寻和对鲁迅人格的敬仰之情来访问这一文化古迹的。自然触景生情,延伸出许多东西来。如由迎面而来的清香联想到书香,再联想到读书声;由鲁迅的书桌联想到鲁迅在这里读书、习字、对课、描像,由空空的椅子联想到学童们全部跑到后园玩耍,……《早》与鲁迅先生写的《从百草园到三味书屋》有较多的相关性,如书屋的陈设、"早"字的来历等。

《威尼斯》 赏析

朱自清先生的著名游记《威尼斯》以颇具特色的语言描述了威尼斯"水上之城"与"文化艺术之城"的两大特点,这两大特点将全文为两大部分。在第一部分,作者以平视到俯视的视角变化,以情景交融的方式展现"河网之城"与"海上之城"。在第二部分,作者以圣马克方场为描写中心,按空间转移为顺序依次描述了建筑、音乐、绘画、工艺品,展现"华妙庄严"这"文化艺术之城"。

威尼斯这座世界名城已被许多人写入文中,摹在画上,摄入镜头,要想突破他人窠臼,重新再现这座城市的美丽风光,需要寻找另一种独特的视角。朱自清的游记散文《威尼斯》,实现了风情与游踪的整合,再造出新的艺术景象。文章采用了风情与游踪双线交叠的手法,时而游踪,时而风物,分散重合,穿插交融,重构出一种和谐的美。

【范文引路】

苏州园林中的景物虽为人工雕琢却宛若天然,三味书屋充满文化气息,威尼斯是文化艺术之城……这些人文美景是古今人类所创造的物质财富和精神财富的综合体现,它是人们用智慧创造的艺术,所以我们不断地去欣赏,去感受,并用语言文字将这样的人文美景记录下来。你了解或欣赏过哪些人文美景?给你留下深刻记忆的有哪些?赶紧回忆一下吧!

说一说

祖国山河壮丽多姿。我欣赏过雄伟的故宫，游览过巍峨的黄山，领略过灿若明霞的雅丹地貌，我由此感受到了古代人民的智慧与文化。你还去过哪些人文景点？看到了什么，想到了什么？快来一起交流交流吧！

我去过西安，西安是中华文明和中华民族重要发祥地之一。西安最有名的兵马俑，即秦始皇兵马俑，亦简称秦兵马俑或秦俑。

我也去过西安，在地下发现了形体大、数量多、造型如此逼真的陶俑，实在是一件令人难以置信的事。

我知道了按顺序去参观，可以使我们更好地了解兵马俑的排列。像这样令人震撼的景观还有我们北京的故宫、北海，甘肃莫高窟石刻，苏州的园林。

是呀！优秀的文化美景让我们流连忘返，这是劳动人们的智慧！所以我们赶快行动起来吧！

大家都来介绍一下你知道的人文景点吧！

你最想去哪个人文景点参观呢？赶紧设计一下参观景点的顺序，一

| 重顺序 揽人文 |

一去感受人文美景的魅力吧!大家赶快试着起草一下参观的顺序。

游览地点	著名景观	设计游览顺序	初步感受

别忘了,在欣赏美景的同时,顺便记下自己的感受噢!

哇,你的设计很有条理性,参观顺序安排很合理!你能和大家分享一下吗?

好呀,这份攻略我查阅了大量的资料。听完了我的介绍,你一定也会想去的。

你能把你看到的旅游景点里的著名景观以及自己的感受和朋友们分享一下吗?我们怎样介绍人文景观才能说清楚呢?如果有困难的话,阅读范文可以帮助我们解决。去读一读前面的三篇范文,看看作者是用什么顺序把景观特点写清楚的。

重顺序,揽人文,饱览人文景观独特的魅力

读《苏州园林》这篇文章,想一想文章的表达顺序。作者依顺序都对苏州园林中的哪些具有特点的园林进行了有序描写?突出了园林的哪些特点?

大家可真会阅读，作者先介绍了苏州园林在我国园林艺术中的地位，又从游览者的角度概括苏州园林的特点，即"务必使游览者无论站在哪个点上，眼前总是一幅完美的图画"。

作者是从哪几个方面介绍园林特点的？又是从哪几个细微方面来具体说明这个特点的？

文章中一定有很多让你喜欢的景点，读一读它所在的段落，说说作者在分述每个景点时又是按什么顺序介绍这一景点的。

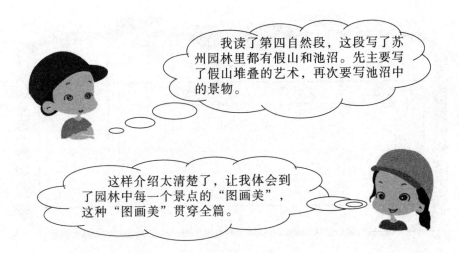

真是太棒了!看了大家的介绍,你有没有想到自己最喜欢的景点呢?快来跟大家介绍介绍吧,千万不要忘了按顺序表达噢!

我发现在阅读描写人文景观的文章时,理清文章的表达顺序,可以帮助我们更好地读懂文章。其实文章的表达顺序各不相同,需要根据参观的景点特点进行设计。下面,大家赶紧读一读《早》,看看作者透过"早"想给我们介绍哪一处的人文景观呢?又运用了怎样的表达顺序呢?

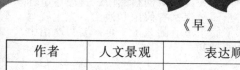

《早》

作者	人文景观	表达顺序	景观特点

这篇课文是一篇游记，课文是以游览顺序来介绍了三味书屋的。从全文可以看出作者游览路径：心门台——石桥——三味书屋——后园。

你真棒，三味书屋是这篇文章的重点，那你发现文章是以什么顺序来介绍三味书屋的呢？

这个难不倒我。作者就是按照方位顺序介绍鲁迅的三味书屋的。

我还发现了全文借物喻人，作者借鲁迅书桌上"早"字的来历，借以教育人们要珍惜时间，学习鲁迅先生时时早、事事早的精神。

| 重顺序　揽人文 |

《早》是一篇精美的游记，文章以真挚朴实的语言向我们介绍了三味书屋的陈设、蜡梅花以及鲁迅书桌上"早"字的来历。三味书屋古色古香，所有陈设摆放有序；蜡梅花的清香、颜色、形状惹人喜爱，令人赏心悦目。鲁迅书桌上"早"字的来历，梅花冰清玉洁的韵致与鲁迅时时早、事事早的精神以及鲁迅一生的人格品质相得益彰。整篇文章叙述、描写、说理巧妙地融为一体。

学习表达顺序，提高表达本领

怎么才能借助参观顺序把景观特点凸显出来呢？我们快来读读《威尼斯》吧。

《威尼斯》的哪些景点特点描写给你留下了深刻的印象？

作者介绍的威尼斯"河网之城"与"海上之城"这两幅明媚的"水上之城图"给我留下了深刻的印象。

威尼斯最著名的圣马克方场更是深深地吸引着我。

请同学们默读文章《威尼斯》，看看怎样才能做到有序表达凸显特点。

写作顺序	凸显特点

让我们循着文章时空交叉的线索，做一次威尼斯的梦游吧。

同学们循着写作顺序抓住了景观特点,了解了威尼斯的人文美景。快来和自己的小伙伴一起说说你看到的是一个怎样的威尼斯吧。

作者把全文分两大部分"水上之城"与"文化艺术之城"。

作者通过平视到俯视的视角变化描绘威尼斯"河网之城"与"海上之城"的特点。

作者又以空间转移为顺序依次描述了建筑、音乐、绘画、工艺品,以此展现出"华妙庄严"的"文化艺术之城"特色。

随着观察的视角和写作顺序,让我身临其境地欣赏到了这座城市的美丽风光。

我真想到威尼斯最著名的圣马克方场去看一看。

我真想坐"刚朵拉"欣赏威尼斯的大街小巷,感受水上城市的与众不同。

大家读得可真认真,很快发现了作者描写的顺序:走出威尼斯火车站，作者首先为我们勾画出城市的全貌和总体布局，然后领我们进入威尼斯最著名的圣马克方场。整体了解了美丽的威尼斯水上城市。

是啊，威尼斯是一个美丽的水上城市，它建筑在最不可能建造城市的地方——水上，威尼斯的风情总离不开"水"，蜿蜒的水巷，流动的清波，好像一个漂浮在碧波上浪漫的梦。威尼斯，这座极为浪漫又朴素的古城，每年吸引着成千上万来自世界各地的游人。精美的建筑、超凡绝伦的雕塑、红黑相间的刚朵拉、优雅安详的鸽子构成了威尼斯古典而浪漫的城市风情。

参观和感受一个人文景点还需要我们用心去体会，需要我们把参观到的景观进行有序表达，清楚地记录下每一个美好的回忆。

巧用顺序　谋篇布局

我们根据参观的人文景点进行有序表达更能凸显景点特点，按顺序进行谋篇布局可以合理展开写作。如何将一个人文景点的描写有序组织起来形成一篇文章呢？

下面请同学们再来快速地读读三篇范文，以掌握更多的写作顺序，这样写作才能轻松自如，人文景观才能尽显魅力，才能吸引更多的读者。

回忆我们学习的课文，你们有什么好的安排材料的顺序吗？请你把自己的好方法和同学们进行分享吧！

我觉得可以按照事物的不同方面组织材料。如《故宫博物院》就是按照空间顺序介绍故宫的，大体上按照游览的路线沿中轴线由南向北逐次介绍。

对，我觉得描述一处人文景观一定要选好写作顺序，这样才能把景点介绍清楚、有序，吸引读者。

你去过敦煌的莫高窟吗？当代作家余秋雨在创作《莫高窟》这篇写景的记叙文时，是运用什么形式构造全文的呢？

这篇文章从全篇看，首先介绍了莫高窟的地理位置和概貌，然后选取了莫高窟中的三个典型代表"彩塑""壁画""藏经洞"，最后总括全文。

我知道了，作者是以"总—分—总"的形式来谋篇布局的。

我们要善于将身边的文化、值得记录的景点进行布局谋篇，使文章有条理，使描写的人文美景更突显魅力。

| 重顺序　揽人文 |

写一写

人文景观中,你留心观察过身边的景点吗?赶快拿起手中的笔,有序地介绍你认为值得记录的美景吧!

它们都有什么特点?由此你想到了哪种写作顺序?我们先列个提纲吧!

景点	特点	顺序	心情

按照所列提纲,组织好材料,把你印象深刻的景物介绍给大家吧!一定要做到:饱览人文美景,感受文化传承。

【效果评价】

在整个实践活动中，自己做得怎么样呢？快找来小伙伴和父母，让他们一起为这次实践活动做一个星级评价吧。五颗星你能得几颗？

星级评价方案

评价者	能够积极参加此次实践活动，在活动中认真完成各项实践任务	学习作者的写作顺序，凸显景观特点，感悟作者有序的表达	对自己印象深刻的景点进行描述，学习顺序，展开描写，学习运用
自己	☆☆☆☆☆	☆☆☆☆☆	☆☆☆☆☆
伙伴	☆☆☆☆☆	☆☆☆☆☆	☆☆☆☆☆
家长	☆☆☆☆☆	☆☆☆☆☆	☆☆☆☆☆

注：优秀4~5颗星，良好2~3颗星，合格1颗星。

【阅读延伸】

《莫高窟》，余秋雨，江苏教育出版社第九册。

《埃及的金字塔》，江苏教育出版社第十一册。

《中国最美的100个地方》，《中国经济游》编辑部，广西师范大学出版社。

借事物　悟情理

同学们，生活中的人、事、景、物皆成文章。一支粉笔可以让我们想到无私奉献的人们；一片绿叶可以让我们领略到大地的生机；一些平凡的事物常常也会使我们有所感悟，深受启发……留心观察身边的事物，或许你会被它们身上所蕴含的某种精神感染。然而，某些情感不需要直白地表达出来，借助某一事物委婉地写出来，既生动形象，又能使文章增加含蓄的韵味。

让我们一起感悟婉约的独特魅力吧！

【范文欣赏】

范文1

落花生[①]　（借物喻人）

我们屋后有半亩空地。母亲说："让它荒着怪可惜，既然你们那么爱吃花生，就开辟出来做花生园吧。"我们姐弟几个都很高兴——买种的买种，动土的动土，灌园的灌园；没过几个月，居然收获了！

母亲说："今年我们可以过一个收获节，请你们爹爹来尝尝我们的新花生，好不好？"我们都答应了。母亲把花生做成好几样食品，还吩咐在园里的茅草亭过这个节。

那天晚上的天色不太好，可是爹爹也来了，实在很难得！

爹爹说："你们爱吃花生么？"

我们都争着答应："爱！"

[①] 本文选自《许地山散文选集》。

"谁能把花生的好处说出来？"

妹妹说："花生的味道很美。"

哥哥说："花生可以榨油。"

我说："谁都可以贱价买它来吃，都喜欢吃它。这就是它的好处。"

爹爹说："花生的好处很多，有一样是很可贵的。这小小的豆不像那好看的苹果、桃子、石榴，把它们的果实悬在枝头上，鲜红嫩绿的颜色，令人一望就生美慕之心。它只把果子埋在地底，等到成熟，人们才把它挖出来。你们偶然看见一棵花生瑟缩地长在地上，不能立刻分辨出它有没有果实，必须挖起来才能知道。"

我们都说："是的。"母亲也点点头。爹爹接下去说："所以你们要像花生一样，它虽然不好看，可是很有用。"我说："那么，人要做有用的人，不要只做讲体面的人。"爹爹说："这是我对于你们的希望。"

我们谈到深夜才散。花生做的食品都吃完了，父亲的话深深印在我的心上。

范文2

青海高原一株柳 （借物喻理）

这是一株柳，一株在平原在水边极其平常的柳树。

这是一株神奇的柳树，神奇到令我望而生畏的柳树，它伫立在青海高原上。

在青海高原，每走一处，面对广袤无垠、青草覆盖的原野，寸草不生、青石嶙峋的山峰，深邃的蓝天和凝滞的云团，心头便弥漫着古典边塞诗词的悲壮和苍凉。走到李家峡水电站总部的大门口，我一眼就瞥见了这株大柳树，不由得"哦"了一声。

这是我在高原见到的唯一的一株柳树。我站在这里，目力所及，背后是连绵的铁铸一样的青山，近处是呈现着赭红色的起伏的原地，根本看不到任何一棵树。没有树族的原野显得尤其简洁而开阔，也显得异常地苍茫。这株柳树怎么会生长起来壮大起来，造成高原如此壮观的一方独立的风景?

　　这株柳树大约有两合抱粗,浓密的树叶覆盖出百十余平方米的树荫。树干和枝叶呈现出生铁铁锭的色泽,粗实而坚硬。叶子如此之绿,绿得苍郁,绿得深沉,自然使人感到高寒和缺水对生命颜色的独特锻铸。它巍巍然撑立在高原之上,给人以生命伟力的强大感召。

　　我便抑制不住自己的猜测和想象:风从遥远的河川把一粒柳絮卷上高原,随意抛散到这里,那一年恰遇好雨水,它有幸萌发了。风把一团团柳絮抛散到这里,生长出一片幼柳,随之而来的持续的干旱把这一茬柳树苗子全毁了,只有这一株柳树奇迹般地保存了生命。自古以来,人们也许年复一年看到过,一茬一茬的柳树苗子在春天冒出又在夏天旱死,也许熬过了持久的干旱,却躲不过更为严酷的寒冷。干旱和寒冷绝不宽容任何一条绿色的生命活到一岁。然而这株柳树却造就了一个不可思议的奇迹。

　　我依然沉浸在想象的世界里:长到这样粗的一株柳树,经历过多少虐杀生灵的高原风雪,冻死过多少次又复苏过来;经历过多少场铺天盖地的雷轰电击,被劈断了枝干又重新抽出了新条。它无疑经受过一次又一次摧毁,却能够一回又一回起死回生。这是一种多么顽强的精神。

　　我家乡的灞河以柳树名贯古今,历代诗家词人为那里的柳枝柳絮倾洒过多少墨汁和泪水。然而面对青海高原的这一株柳树,我却崇拜到敬畏的境地了。是的,家乡灞河边的柳树确有让我自豪的历史,每每吟诵那些折柳送别的诗篇,都会抹浓一层怀恋家园的乡情。然而,家乡水边的柳枝却极易生长,随手折一条柳枝插下去,就发芽,就生长,三两年便成为一株婀娜多姿、风情万种的柳树了;漫天飞扬的柳絮飘落到沙滩上,便急骤冒出一片又一片芦苇一样的柳丛。青海高原上的这一株柳树,为保存生命却要付出怎样的难以想象的艰苦卓绝的努力?同是一种柳树,生活的道路和命运相差何远!

　　这株柳树没有抱怨命运,也没有畏怯生存之危险和艰难,而是聚合全部身心之力与生存环境抗争,以超乎想象的毅力和韧劲生存下来,终于造成了高原上的一方壮丽的风景。命运给予它的几乎是九十九条死亡之路，它却在一线希望之中成就了一片绿荫。

> 作者：陈忠实（1942—2016 年），当代著名作家。代表作：《白鹿原》《乡村》《到老白杨树背后去》《初夏》《四妹子》《陈忠实文集》等。

范文 3

荷叶母亲① （借物赞人）

父亲的朋友送给我们两缸莲花，一缸是红的，一缸是白的，都摆在院子里。

八年之久，我没有在院子里看莲花了——但故乡的院里，却有许多；不但有并蒂的，还有三蒂的，四蒂的，都是红莲。

九年前的一个月夜，祖父和我在园里乘凉。祖父笑着和我说："我们院里最初开三蒂莲的时候，正好我们大家庭里添了你们三个姊（zǐ）妹。大家都欢喜，说是应了花瑞。"

半夜里听见繁杂的雨声，早起是浓阴的天，我觉得有些烦闷。从窗内往外看时，那一朵白莲已经谢了，白瓣儿小船般散飘在水里。梗上只留个小小的莲蓬和几根淡黄色的花须。那一朵红莲，昨夜还是菡萏（hàn dàn）的，今晨却开满了，亭亭地在绿叶中间立着。

仍是不适意！——徘徊了一会子，窗外雷声作了，大雨接着就来，愈下愈大。那朵红莲，被那繁密的雨点，打得左右欹（qī）斜。在无遮蔽的天空之下，我不敢下阶去，也无法可想。

对屋里母亲唤着，我连忙走过去，坐在母亲旁边——一回头忽然看见红莲旁边的一个大荷叶，慢慢的倾侧了下来，正覆盖在红莲上面……我不宁的心绪散尽了！

---

① 本文选自《冰心文集》。

雨势并不减退，红莲却不摇动了。雨点不住的打着，只能在那勇敢慈怜的荷叶上面，聚了些流转无力的水珠。

我心中深深地受了感动——母亲啊！你是荷叶，我是红莲，心中的雨点来了，除了你，谁是我在无遮拦天空下的荫蔽？

【范文解读】

《落花生》 赏析

《落花生》这篇课文是著名作家许地山的一篇叙事散文，真实地记录了作者小时候的一次家庭活动和所受到的教育。课文着重讲了一家人过花生收获节的情况，通过谈论花生的好处，借物喻人，揭示了学习花生不图虚名、默默奉献的品格的主旨，说明人要做有用的人，不要做只讲体面而对别人没有好处的人，表达了作者不为名利，只求有益于社会的人生理想和价值观。许地山始终没有忘记父亲对他的教诲和希望，他以"落华生"作为自己的笔名，时刻激励自己，做一个有用的人，并用行动实践了这一心愿，成为优秀的作家。尽管文章篇幅很短，也没有什么华丽的辞藻和深奥的语言，但是给人以清晰、深刻的印象，使人从平凡的事物中悟出了耐人寻味的道理。这篇课文是按事情发展顺序记叙的，在表达上颇具匠心：详略分明，以物喻人，同时言辞朴实无华。

《青海高原一株柳》 赏析

《青海高原一株柳》是我国著名作家陈忠实的一篇散文。全文首先用两个自然段点明青海高原一株柳的神奇，其次从青海高原这株柳树生长环境的恶劣和这株柳树的巍然撑立写出其强大的生命力，继而猜测和想象那株柳树在青海高原这个以狂风、干旱为常态的恶劣环境中存活、长粗的生长过程，进一步体现出青海高原一株柳的顽强毅力。接着作者由此展开了丰富的联想，以家乡灞河的柳树作对比，想象青海高原上的柳树怎样克服重重苦难，怎样突破重重障碍、穿过九十九条死亡之路，在一线希望之中成就了一片绿荫，从侧面烘托出青海高原一株柳敢于与命运抗争，赞美青海高原一株柳的顽强和神奇，令人望而生畏的生命力。最后以震撼人心的话语点明了这株柳树没有抱怨命运，而是以超乎想象的毅力和韧劲生存下来，告诉我们生活和命运不可能公平，但只要心中充满希望，凭借自己超乎想象的毅力和韧劲去努力，生命就会创造奇迹，从而揭示出人生哲理。

《荷叶母亲》赏析

《荷叶母亲》是一篇借物喻人，托荷叶赞母的散文诗。文章从自家院子里的莲花写起，重点写雨中的莲花。在雨中作者发现荷叶掩盖起莲花，触动了自己，于是产生了联想，想起了母亲，想起了母亲爱护儿女的情，于是借此景抒发自己对母亲保护儿女成长的感情。这样写荷花是为了写"我"，写荷叶是为了写母亲，达到"我"是雨打风摆的荷花，而母亲则是替荷花抵挡风雨的荷叶。是啊，连荷叶都会自觉地保护荷花，何况母亲爱护自己的子女。于是在结尾处写道："母亲啊！你是荷叶，我是红莲，心中的雨点来了，除了你，谁是我在无遮拦天空下的荫蔽？"简单几笔点明了主旨，深化了中心。"心中的雨"暗指人生路上的风风雨雨、坎坷磨难，只有母亲是保护自己度过人生路上坎坷与磨难的人。

【范文引路】

在我们的生活中有这样一种人，在他们的身上蕴含某一事物的特征，或如蜡烛般燃烧自己照亮别人，或如奶牛般吃的是草挤出的是奶，或如小草般不畏压力顽强生长……同学们，在你们的身边有这样的人存在吗？快快留心搜寻一番吧！

说一说

在记忆的长河中，哪些人让你记忆犹新？有哪些人让你心生敬意？他们的品质又让你想到了哪些动植物呢？怎样借助这些事物的特点进行表达呢？快让我们讨论讨论吧！

借事物 悟情理

你身边有哪些具有这样品质的朋友、同学、伙伴、邻居？赶紧做个攻略，把你身边的这些榜样记录下来！

寻找身边榜样的攻略

人物	主要事件	具有品质	所托之物	初步感受
李奶奶	义务开小图书馆	默默付出、不求回报	花生	敬佩，做有用的人

别忘了，在钦佩他们的同时，顺便记下自己的感受，并且起个有个性的名字吧。

说一说

你能把你搜集到的人物事件与大家分享一下吗？从这个人的身上能感受到的品质与哪些动植物的品质相似？该怎么介绍才能吸引小伙伴们，让他们与你产生共鸣呢？如果还有困难的话，就去读一读前面的三篇范文，看看作者是怎样借物喻人的。

在父子对话中感悟借物喻人

《落花生》这篇文章，以"落花生"为线索，按"种花生—收花生—尝花生—议花生"的顺序层层深入地揭示了做人处事的道理。

借事物 悟情理

大家知道吗？这种由议花生写到怎样做人的写法就叫作借物喻人。

（1）文章中将花生比喻成默默付出的人，那"铺路石"又可以比喻什么样的人呢？

（2）联系身边的事物想一想，用什么可以比喻勤劳的人呢？

（3）你还会想到什么？快快动笔写一写吧。

同学们，你们知道吗？在读文章的时候，我们不仅可以读出文章所要表达的意思，与作者产生共鸣，还可以根据内容展开想象（联想）说明道理呢！这样就会使人耳目一新、感同身受。赶紧读一读范文《青海高原一株柳》，作者通过这株柳树想到了什么？他想告诉大家什么呢？

在对比联想中感悟人生哲理

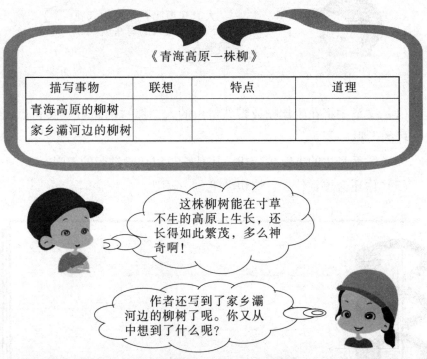

《青海高原一株柳》

描写事物	联想	特点	道理
青海高原的柳树			
家乡灞河边的柳树			

这株柳树能在寸草不生的高原上生长，还长得如此繁茂，多么神奇啊！

作者还写到了家乡灞河边的柳树了呢。你又从中想到了什么呢？

是呀，作者抓住了青海高原上这株柳树"神奇"的特点进行描写，让这株柳树走进了我们的内心，赞美了这株柳树不抱怨命运，不畏生存环境的艰险，以超乎想象的毅力努力生存，最终成为这高原上的一道亮丽风景。

文章中一定有很多让你喜欢的句子，把它们摘抄下来，并说说自己喜欢的理由。

我喜欢文章第五自然段中对于这株柳树的描写，它仿佛让我看到了一个坚强的男子汉。

是吗？还喜欢哪些句子呢？从中想到了什么？快来写一写吧。

抄一抄　写一写

　　同学们真不错，找到了自己喜欢的句子，写出了喜欢的理由，快和大家一起分享吧。

　　正确运用借物喻人（理）可以使文章立意更深远，表情达意更含蓄，可以大大增强文章的表现力和感染力。它不仅可以借助事物的特征教给读者做人做事道理，也可以借物赞美具有这一品质的人，更可以抒发对具有这一特征的人、物的情感，快来读读《荷叶母亲》吧！

在对比联想中赞美他人

你又看出了什么呢？快来说一说吧。

名称	眼中的景物	产生的联想（情感）
《荷叶母亲》		

在写借物喻人的作文时，要注意所描述事物的特点，要与人的品格有相似之处，让人读了文章，能清楚地认识到借物要说明什么、赞誉怎样的人。同时适当运用对比、联想的写法将自己的情感与所选事物的特点紧紧地联系起来。

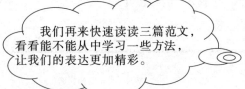

从这几方面来思考会事半功倍哟！

范文一《落花生》

写作顺序：种花生—收花生—吃花生—议花生。

写作方法：借物喻人—说理

小发现：作者从小处着眼，从生活入手，把很平常的种花生这种小事用朴实的语言娓娓道来，用拉家常的方式阐述了如何做人的道理。在父亲的引导下孩子们说出了花生的特点"朴实无华，默默无闻"，并能结合自身感悟"要做有用的人。"安排材料详略得当。

写一写

在我们的身边有很多值得赞扬、值得歌颂的人，你留心观察了吗？你有写下他的冲动吗？拿起手中的笔，抒发心中的情吧！

他们身上有什么值得你学习、敬佩、赞扬的品质？由此你想到了哪种事物？我们先列一个提纲吧！

具有的精神品质	想到的事物	产生的联想	说明的道理或表达的情感，赞美的品质

按照所列提纲,组织好材料向大家介绍一下吧!一定要做到:寄情于物,借物喻人(说理、赞人)。

【效果评价】

在整个实践活动中,自己做得怎么样呢?快找来小伙伴和父母,让他们一起为这次实践活动做一个星级评价吧。五颗星你能得几颗?

星级评价方案

评价者	能够积极参加此次实践活动,在活动中认真完成各项实践任务	学习作者的描写方法,展现景物特点,感悟作者有序的表达	对自己印象深刻的景物进行描述,展开联想,情景交融
自己	☆☆☆☆☆	☆☆☆☆☆	☆☆☆☆☆
伙伴	☆☆☆☆☆	☆☆☆☆☆	☆☆☆☆☆
家长	☆☆☆☆☆	☆☆☆☆☆	☆☆☆☆☆

注:优秀 4~5 颗星,良好 2~3 颗星,合格 1 颗星。

【阅读延伸】

《桃花心木》，林清玄，浙江少年儿童出版社。
《白杨礼赞》，茅盾，高等教育出版社。
《茶花赋》，杨朔，人民文学出版社。

勤观察　善发现

小时候的我们就像一本没有答案的"十万个为什么",总是会发现和提出一些问题:为什么天是蓝的,草是绿的?蚂蚁为什么要搬家?飞机为什么能在天上飞?……而我们得到的回答大多都是"就是这样的,没有为什么"。如果你不能从别人那里找到满意的答案,你会怎么办呢?我们先一起来看看这三名同学的发现吧。

【范文欣赏】

范文1

金蝉脱壳[①]

我最爱捉蝉。有一天,我无意中捡到了几个透明发亮的壳。叔叔们说,那是蝉虫脱的壳。夜幕降临,蝉虫就从土里钻出来,偷偷地爬到树干上,脱掉它身上的旧衣,换上华丽的新装。

这是多么神奇有趣的事啊!我决心要揭开金蝉脱壳的秘密。

这天傍晚,下了一阵毛毛雨。雨过天晴,空气十分新鲜,我向菜园跑去。菜园里的柿子树枝繁叶茂,在夕阳映照下显得更加翠绿。我的目光顺着树干上下搜索着。突然,我发现了一只肥肥的、通身发着金黄色亮光的蝉虫,正沿着柿子树往上爬。当爬到一个枝丫上时,它用脚紧紧抓住树皮上的一处裂口,停在那里不动了。我轻手轻脚地爬上树,躲在一个枝丫后面,聚精会神地盯着这只蝉虫,等待着金蝉脱壳这一时刻的到来。

---

① 本文选自苏教版小学语文第九册第二单元第七课。

开始脱壳了！蝉虫整个身体来回地抽搐了几下，背上立刻裂开了一道口子，蝉背露出来了。背上那一层保护甲的颜色也在很快地变化着，先是极淡的绿色，一会儿变成了深绿色。接着，头钻出来了，前面一双透明发亮的大眼睛，像两颗花椒籽一样又黑又亮，六只脚出来了，整个身子在慢慢地活动。最有趣的是蝉尾出壳的情景。未出壳的蝉尾使劲地抖动着，伸着。蝉儿把它已经出壳的上半身腾空向后仰去，又敏捷地向前扑来，再用前脚抓住蝉壳用力一抽，又白又嫩的蝉尾就出来了。整个动作配合得自然协调。脱壳的蝉儿静静地趴在蝉壳上，过了好一阵子，才依依不舍地离开了蝉壳。

刚出壳的蝉儿除了背上那一层保护甲外，全身都是灰白色的，折叠的翅膀也只有一点点。但是，很快就发生了奇迹般的变化。又小又嫩的翅膀逐渐大了起来，很快盖住身子，像两把扇子长长地拖在身后。蝉儿的肚子在不停地颤动着，每颤动一次，身上的颜色就由浅而深地变化一次，渐渐地变成了深绿色，变成了棕黑色。翅膀上出现了排列整齐、图案精巧的斑纹。蝉触角也显现出一道道灰白色的光环。

这是多么奇特动人的情景啊！我高兴得几乎叫起来。

我再一次仔细地看着蝉儿，它是那样五彩缤纷，就像雕刻家给自己的艺术品涂上了油彩一样。而留在一旁的蝉壳，透明发亮，闪着金光。这阵儿，蝉儿长久地趴在树上，恢复着体力，准备开始它的歌唱生涯。

范文2

生活中的新发现[①]

有一天，我闲来无事在家乱翻。我拉开一个抽屉，一阵银光闪过，嘿，是一个银碗！我把银碗拿出来玩，玩着玩着想到有人说过银碗可以验毒，有毒的食物放进去，银碗会变黑，这是真的吗？

---

① 本文选自网络学生作文。

在好奇心的驱使下，我决定动手试一试。我把银碗洗干净，把一个苹果放进去，银碗的颜色并没有变。我把苹果取出，又放进了一棵青菜，银碗的颜色还是没有变化。我又试了几种食物，银碗一直没有变黑，当我几乎快泄气时，忽然闻到了一股又臭又香的味道——臭豆腐！我突发奇想，把臭豆腐放进去会怎么样呢？我把一块臭豆腐弄进银碗，呀，银碗变黑了！这是为什么？难道臭豆腐有毒吗？我不禁紧张起来，昨天我们全家还吃了臭豆腐，不会有事吧？以前我们也吃过臭豆腐，可并没有发现什么异样。也就是说，臭豆腐没有毒，那么，银碗为什么在放进臭豆腐后就变黑了呢？而苹果，青菜等放进去就不会变呢？这究竟是怎么一回事？

我查阅了《百科全书》和《十万个为什么》，可都没有找到答案。后来我在一本名叫《中国少年儿童》的书上得到了我想要的答案。原来，臭豆腐里面含有一种叫作硫的化学元素，银制的物品和硫起反应，变成硫化银，银碗就变成黑色的了。用牙膏擦拭，银碗就可以恢复了。

我懂得了银碗变黑的秘密，还知道了科学每时每刻都在我们身边，只要你肯去发现，就一定会给你回报的。

范文3

小猫吃草①

我奶奶家有一只小猫，叫"咪咪"。它没事的时候总爱在院子里悠闲悠闲地散步。可有一天……

那天中午，刚吃完饭，我便去看我家的小猫。但眼前的情景却使我大吃一惊，平时一贯以肉食为主的猫，今天却改吃素的了。它正在大口大口吃着花盆里的草，然后吐出一堆又黄又绿的东西。绿的是草，黄的是今中午吃的饭。忽然，我想起了那个草，那不是爸爸种的"牛顿"草吗？爸爸说这种草能治病，这次"咪咪"吃草是不是给自己治病呢？我

---

① 本文选自网络学生作文。

不太相信,所以便做了一个实验。

吃晚饭的时候,我把过期的牛肉干放到了"咪咪"的碗里,然后便躲在一边偷偷地观察着。它先嗅了嗅食物,虽然感觉不对劲,但还是吃了。结果不出我所料,"咪咪"又像中午一样疯了似的在吃草。

我问爸爸:"爸爸,猫能自己治病吗?"爸爸回答道:"那当然,不仅猫能自己治病,而且还有好多动物能自己治病呢,那就靠你自己去查阅资料了!"我翻开了《十万个为什么》,最后终于找到了答案:当猫的肚子不舒服的时候,吃上这种草,就能刺激胃,然后会把肚子里的东西给吐出来,这样,肚子就不疼了。而且还有好多能自己治病的动物呢,比如说蛇,如果蛇身上的某的地方受伤了,到一种草上打几个滚儿,伤口就消失了。

我为发现这样一个秘密而感到高兴,同时我也明白了一个道理:大创作源于小发现,小的发现又来源于生活中的点点滴滴。做一个生活中的有心人,那么,你的发现会很多,获得的知识会无边无际。

【范文解读】

《金蝉脱壳》 赏析

"金蝉脱壳"这个成语常常被我们用到作文中,可很少有人去实地观察蝉脱壳的过程。无意当中捡到的蝉脱掉的壳,对本文的小作者有着极大的吸引力。在"决心要揭开金蝉脱壳的秘密"后,作者通过观察,把蝉脱壳的整个过程描写得非常生动奇特。文章紧紧围绕"蝉是如何脱壳的"这一主线展开,按照蝉脱壳前、脱壳时和脱壳后的顺序进行描述,整体脉络很清晰。

金蝉脱壳的过程让我们感到奇特动人,要想形象地展现整个过程,抓住蝉的动作是关键。不论是蝉脱壳前的"紧紧抓住树皮上的一处裂口",还是脱壳时的"抽搐""钻""慢慢地活动"等,这些动作都被作者一一捕捉到了。文章很精彩的一个部分是作者通过细致入微的观察,把蝉尾出壳时"使劲地抖动""腾空向后仰去""向前扑来""抓住蝉壳用力一抽"一系列动作描写把情景呈现在我们眼前。甚至连蝉出壳后因为肚子的颤动,身体颜色发生了改变,翅膀上出现了斑纹,触角显现出灰白色的光环,这样的细枝末节都难逃作者的"法眼"。我们不得不佩服小作者敏锐的观察力!

　　这篇文章虽然是说明文,但是我们读起来却并不感觉乏味。除了丰富细腻的动作描写,文中还运用了打比方的说明方法,如花椒籽般又黑又亮的眼睛、扇子般的翅膀、雕刻家一样的蝉,让蝉的形象更加深入人心。

《生活中的新发现》赏析

　　小作者为了验证"有毒的食物放进银碗会变黑"这种说法的真实性,把电视里经常出现的"银碗试毒"实验带到了自己的生活中。通过对几种食物的测试,他发现果然有食物会令银碗发黑。为了找到原因,他查阅了资料,知道了银碗变黑是由于两种化学元素之间起了反应,从而揭开了银碗变黑的秘密。

　　小作者把自己的实验过程记录得详细且有条理,选择不同食物进行试验,体现出了科学实验的严谨性。文中多处穿插了作者的心理活动,从试验几种食物后的泄气,到发现臭豆腐时的突发奇想,再到银碗变黑时的紧张不安,最后到揭开奥秘时总算松了口气,这些心理描写生动再现了小作者实验时跌宕起伏的心情,也让读者在这一波三折中感受到了科学实验的乐趣。既然是科学实验,分析和结论要有理有据。小作者为了解决自己在实验中的疑问,查阅了多本书籍,最后验证了"有毒的食物放进银碗会变黑"这种说法没有绝对的科学依据。结合实验的感受,小作者在文末给了我们一个启示:只要用心发现,生活中处处有科学。

《小猫吃草》赏析

　　猫咪竟然在大口吃草,又吐出来?这可真是奇闻一件!发现了这个现象后,身为"好奇宝宝"的小作者联想到了爸爸说的草能治病,从而产生了疑问:小猫吃草是不是在给自己治病呢?通过做实验和查阅书籍,小作者找到了小猫吃草的原因，解决了自己的困惑。

文章按照"发现—联想—质疑—做实验观察—寻找科学依据验证"的顺序描写，思路清晰，具有层次性。小作者发现了小猫吃草的现象，联系了自己以往的生活经验，并进行了细致观察。发现问题后，他没有急于向大人寻求答案，而是自己设计了一个实验，在实验中继续进行观察，这样的探索精神很值得我们学习。

小的发现来源于生活中的点点滴滴，这不仅是小作者明白的道理，也是这篇文章对我们的启示。

【范文引路】

科学源于发现，发现源于生活。大自然的很多奥秘，都是人们先发现了生活中的一些问题或现象，而后经过进一步的观察、实验、探索等被揭开。在生活中，我们肯定都发现过一些或有趣或新奇的现象，产生过各种各样的疑问。快快回忆一下，然后去探索其中的奥秘吧！

做一做

你都有过哪些发现，由此产生过哪些疑问呢？

你留心观察过身边的事物吗？有时候，发现是在不经意间的，很容易就会忘记。当你发现了你感兴趣的事物和现象时，就快快拿起笔记录下来吧，再结合你的生活经验和所学知识，猜想一下背后的原因。

生活中的发现

我发现的现象	我的疑问	我的猜想

如果你还随手拍下了照片，可以贴在下边的相框中。

说一说

大千世界，真是无奇不有！这些事物和现象太有意思了！我好想知道它们背后的原因。

| 勤观察 善发现 |

你是如何发现这些事物和现象的呢？你有什么好的办法去了解它们背后所蕴藏的科学道理吗？你又该如何跟小伙伴分享你的发现呢？如果你没有想法的话，阅读范文或许可以帮助你打开思路。一起来看看范文的三名小作者在面对这些问题时是怎么做的吧。

做法一：深入观察

《小猫吃草》的小作者把观察到的现象和自己以往的认知进行对比,发现了小猫吃草是不正常的。

小作者真是生活中的有心人。

做法二:实验探究

《生活中的新发现》和《小猫吃草》的小作者带着自己的思考和质疑进行了实验,很有探索精神。

是啊,我们也应该学习他们的这种精神,勤于思考,敢于质疑,勇于实践。

做法三:寻找依据

《生活中的新发现》和《小猫吃草》的小作者在实验后,还带着自己的疑惑去书里寻找答案,为自己的探究寻求科学解释。

任何现象的背后都会有科学理论的支撑。所以在遇到问题时,我们要用科学的眼光和方法去解决。

我们应该如何与小伙伴分享我们的发现呢？

三篇范文的整体结构安排合理，层次清楚，语言生动形象，让我们读起来兴致盎然，不感觉乏味，而且作者都找到了相关的科学依据。一起来学习范文中的写作方法吧！

围绕主线合理布局

同学们，在拿到一篇文章的时候，我们先要从整体把握文章结构，找到文章的主线，沿着主线来梳理文章脉络，这样我们就能理清作者的写作思路。请你写出三篇范文的主要线索和作者的写作顺序，思考这样写的好处是什么。

文章	文章主线	写作顺序
《金蝉脱壳》		
《生活中的新发现》		
《小猫吃草》		

这样写很有条理，能让读者对文章的结构一目了然。

是啊，顺着线索，理清写作顺序，我们就知道了文章的主要内容。

探究过程详略适当

想要揭开现象背后的秘密，实践探究是必不可少的。三位作者围绕着自己的实践，都写了哪些内容呢？

《金蝉脱壳》的作者没有设计实验，而是通过深入细致的观察，写出了金蝉脱壳的过程。作者先告诉了我们观察的时间、地点和观察的对象，然后按照一定的观察顺序写出了蝉脱壳的过程。

《生活中的新发现》的作者先是向一个普遍的认知提出了质疑，然后带着自己的疑问设计了一个"银碗试毒"的实验。作者按照实验前的准备、实验中的步骤、试验后结论分析这样的顺序，描述了自己的实验过程。

《小猫吃草》的作者先是针对自己发现的现象提出了疑问，而后设计了实验来验证自己的猜想。

作者们在实验后还通过查阅相关书籍，找到了科学的解释。

  这么多的内容，要全都详细描述出来篇幅可就太长了。所以我们在描述探究过程时要根据文章说明对象的特点对内容有取舍，有些地方要写具体，有些地方可以简单概括，做到详略得当。我们以《生活中的新发现》为例，你能说说这篇文章哪些地方是详写，哪些地方是略写吗？这样写的好处是什么？

作者把自己的实验过程描写得很详细，把查阅资料得到科学结论的过程写得比较概括。

这样写可以突出作者的探究过程，体现他的探索精神。

语言表达生动形象

说明文很容易让读者感觉到枯燥乏味，而这三篇范文让我们读起来却感觉非常有趣。你知道这是为什么吗？

《金蝉脱壳》的作者抓住了蝉脱壳的各种细枝末节，结合打比方的说明方法，把金蝉脱壳的过程描写得生动奇特，仿佛就发生在我们眼前。

《生活中的新发现》的作者在描述实验过程时，加入了很多心理描写。让我们体会到了科学实验的乐趣。

说得真好！范文中一定有很多让你喜欢的句子，把它们摘抄下来，读一读，说说自己喜欢的理由。

在实践中获得启示

从生活中取材,开动脑筋思考,亲自动手实践,寻找科学解释,这些都是自己的探索过程,除了科学知识,你一定也会从中感受到很多。看看三个作者通过探索实践,都收获了什么,把他们的收获和启示写在下边。

写一写

你想和小伙伴分享你的哪些发现呢？选择一个你认为最有趣的，写下来分享给大家吧！

写作之前我们要学习范文给文章"搭骨架"，列出一个提纲，有一个清晰的写作思路，这样写出来的文章才条理清楚、层次分明。

发现的现象	思考（质疑）	实验的过程	结论	感受

按照所列提纲，组织好材料，把你的发现和大家分享吧！一定要做到：按照观察或实验顺序描写，有详有略，结论要有科学依据，凸显发现、探究的过程。

【效果评价】

在整个实践活动中，自己做得怎么样呢？快找来小伙伴和父母，让他们一起为这次实践活动做一个星级评价吧。五颗星你能得几颗？

星级评价方案

评价者	能够积极参加此次实践活动，在活动中认真完成各项实践任务	学习作者的描写方法，体会语言特点，感悟作者有序的表达	从生活中取材。按一定的顺序进行描写，详略适当，语言生动，体现善于发现，勇于探索的精神
自己	☆☆☆☆☆	☆☆☆☆☆	☆☆☆☆☆
伙伴	☆☆☆☆☆	☆☆☆☆☆	☆☆☆☆☆
家长	☆☆☆☆☆	☆☆☆☆☆	☆☆☆☆☆

注：优秀4~5颗星，良好2~3颗星，合格1颗星。

【阅读延伸】

《蜗牛慢条斯理的生活》，温志成，语文出版社。

《夜晚的实验》，江苏教育出版社。

《森林报》，作者：维塔利·瓦连季诺维奇·比安基，上海科学普及出版社。

总主编：赵成会　周生利

悦读 实践 习作

主编：王　萌　张兰波

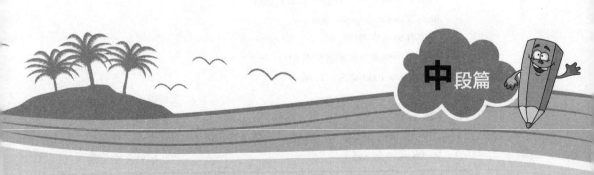

中段篇

北京理工大学出版社
BEIJING INSTITUTE OF TECHNOLOGY PRESS

版权专有　侵权必究

图书在版编目（CIP）数据

悦读　实践　习作. 中段篇 / 王萌，张兰波主编. — 北京：北京理工大学出版社，2019.12

ISBN 978 – 7 – 5682 – 8034 – 1

Ⅰ. ①悦⋯　Ⅱ. ①王⋯ ②张⋯　Ⅲ. ①作文课 – 小学 – 课外读物　Ⅳ. ①G624.243

中国版本图书馆 CIP 数据核字（2019）第 299288 号

出版发行 / 北京理工大学出版社有限责任公司	
社　　址 / 北京市海淀区中关村南大街 5 号	
邮　　编 / 100081	
电　　话 / （010）68914775（总编室）	
（010）82562903（教材售后服务热线）	
（010）68948351（其他图书服务热线）	
网　　址 / http://www.bitpress.com.cn	
经　　销 / 全国各地新华书店	
印　　刷 / 保定市中画美凯印刷有限公司	
开　　本 / 710 毫米 × 1000 毫米　1/16	
印　　张 / 9.25	责任编辑 / 申玉琴
字　　数 / 126 千字	文案编辑 / 申玉琴
版　　次 / 2019 年 12 月第 1 版　2019 年 12 月第 1 次印刷	责任校对 / 周瑞红
定　　价 / 96.00 元（全三册）	责任印制 / 李志强

图书出现印装质量问题，请拨打售后服务热线，本社负责调换

编委会

总主编：赵成会　周生利

主　编：王　萌　张兰波

编　委：

王　萌　王海宏　王宁宁　刘　猛　张兰波
张铁燕　张子晨　张宇静　宋艳梅　周生利
路建超　郭长娜　沙文军

美术设计：张春涵　张　珅

描摹家人特点 ……………………………	1
感受师友之爱 ……………………………	15
回忆美好经历 ……………………………	30
走进童年见闻 ……………………………	54
品味自然美景 ……………………………	72
欣赏魅力人文 ……………………………	88
品动植物情趣 ……………………………	108
探索科学奥秘 ……………………………	128

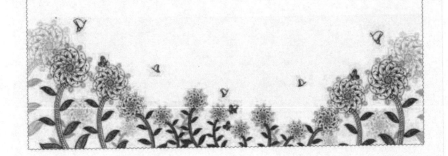

描摹家人特点

大地永远是树叶的归宿；家永远是游子的港湾；家是给予你温暖、力量的地方。我始终相信家是爱的装载者，我想一辈子陪伴家人就这样共同生活下去，哪怕为一些鸡毛蒜皮的小事而斗斗口角，哪怕在电视机前抢抢遥控器，即使这样我也会感到家是最温暖和幸福的地方。

【范文欣赏】

范文1

快妈妈

我的妈妈有个特点，就是不管干什么事都很快。我管妈妈叫"快妈妈"。

妈妈不是会织毛衣吗？她不知道自己一年中给大伙织过多少件毛衣毛裤。一次，我家的邻居给别人加工毛衣的前身，结果期限快到了，还剩下十多件毛衣前身没织出来，正在发愁，恰巧让妈妈知道了，便去拿了五件。

回到家里，我对妈妈说："你拿这么些毛线回来干啥呀？"妈妈微微一笑说："这几天邻居张阿姨家活紧，我闲着也没事，帮她织毛衣。"我极不情愿地小声嘟哝："家里的活还不够你忙的，自找麻烦。""看你说的，咱有难处时，邻居们不是都来照顾吗？人帮人图个啥？还不是图个心里踏实吗？你前些天不是还给我讲，你们老师告诉你，能帮别人做事本身就是一种幸福吗？怎么这就忘了？"我不好意思了。别看妈妈没读什么书，可这张嘴却是又快又厉害。晚饭后，妈妈就不停地织。当我一觉醒来时，妈妈还在"飞针走线"，蒙眬中，我看见妈妈的手在飞快地抖动,却辨不出几时"飞针",何时"走线",只见线团在变"瘦",毛衣在长"长"。不过一天一夜的功夫,妈妈就织了三片,两天的时间就织完了。你说这不是"快妈妈"吗?

妈妈不但织毛衣快,干家务活更快。

一天晚上,邻居张阿姨家里有客人,包饺子忙不过来,便叫妈妈帮忙。这回她算请对人了。妈妈去了不到一个钟头,饺子就包完了,乐得张阿姨眉开眼笑。

你说,我妈妈够得上是"快妈妈"吧!

> 作者:吴娣,小学生原创作文,本文在选入本书时略有改动。

范文2

"猫哥"[①]

"猫哥,把毛巾递给我一下。""等下,让我休息会儿。"这是我爸爸妈妈的一段对话,里面的"猫哥"就是我亲爱的老爸,为啥叫他"猫哥"呢?这里面可大有文章哩。

"猫哥"不高但是不瘦,一副眼镜架在那双大眼睛上显得很有知识,像个"小博士"。无论站在哪,"猫哥"都爱挺着肚子,我常常把他肚子当成鼓拍。他的动作滑稽,常常把家人逗得哈哈大笑,但是对外人他不苟言笑,我觉得甚至有点严肃过分,总板着个脸,对那些他不太熟悉的人笑脸都不赏个,我怀疑人不可貌相就是来形容他的。

可爱的猫咪和滑稽老爸其实一点都没关系。可是爸爸嘴很馋,看见好吃的就两眼放光,而且最爱吃鱼,有了鱼他什么都可以不要,因此被妈妈"赐"美名"猫哥"。他常常用"民以食为天"来教育我,特别是

---

① 本文在选入本书时略有改动。

妈妈生气不给他做饭时,他就会不停地拿出来说。

馋猫老爸在一次家庭聚会中让我们家出了丑,让最爱面子的老妈丢失了她最宝贵的东西——脸面。出于信任,我和妈妈把做饭这个光荣艰巨的任务交给了"猫哥"。我们在客厅布置餐桌,留下老爸一个人在厨房忙碌。客人陆续到来,客厅快布置好了,我想顺道去检查检查爸爸的劳动成果,可爸爸死活不肯让我视察,找尽一切理由阻拦我,还顺手把我推出了厨房。

晚餐端上来了,准备得相当丰盛,可是主菜却……鸡被吃得只剩下一半,鸭子的两条腿不翼而飞,鱼由三条变成了半边。客人们开玩笑说:"哟哟哟,现在的鸡、鸭、鱼在你们家就少长了东西啊,缺胳膊少腿的。""我就是尝尝,看味道好不好,哪晓得我做的菜,味道太好了,就……"爸爸满脸通红,支支吾吾地解释道。聚会结束,客人被我们送走后,"家庭大战"拉开了序幕,面对妈妈的指责,爸爸像个犯错的孩子似的低下了头。

"猫哥"的懒是我们都知道的,成天不喜欢做事,只知道睡大觉,妈妈交代的事老是忘得一干二净,总是要我帮忙。这回啊,他不管拿什么哄我我也不干了。和往常一样,休息日的家务归"猫哥",妈妈出门后,爸爸就推给了我,他倒在沙发上睡大觉。我才不干呢,奴隶也有罢工的时候啊。听见了"猫哥"的呼噜声,我就兴冲冲地跑出去玩了,直到妈妈回家后我才慢悠悠地回去。"你怎么搞的,又没做,什么事都等着我啊,我已经很累了……"妈妈连珠炮似的轰向爸爸,爸爸耷拉着脑袋,一副可怜兮兮的样子看着地板,那样子搞笑极了。

这就是"猫哥",可爱吧。

范文3

姥姥的剪纸

大平原托着的小屯里,左邻右舍的窗子上,都贴着姥姥心灵手巧的劳作。

一把普普通通的剪刀，一张普普通通的彩纸，在姥姥的手里翻来折去，便要什么就有什么了，人物、动物、植物、器物，无所不能。我从小就听人啧啧赞叹："你姥姥神了，剪猫像猫，剪虎像虎，剪只母鸡能下蛋，剪只公鸡能打鸣。"

　　这自然是夸张的说法，但反映了姥姥剪纸技艺的深入人心。慈祥的姥姥广结善缘，有求必应，任谁开口都行。姥姥撩起蓝布围裙擦擦手："说吧，派啥用场？往哪儿贴？"看人乐颠颠地走了，她接着干活儿：洗衣服、纳鞋底、择菜、淘米、喂猪、薅草……

　　姥姥剪纸时，全身心投入，那剪刀行在纸上的"唰唰"声，悦耳至极。我是个出名的调皮蛋，经常变着花样刁难姥姥。一天，我用双手死死地捂住姥姥的双眼，让她摸着剪窗花。岂知工夫不大，一幅"喜鹊登枝"便完成了。嗬！梅枝与喜鹊活灵活现，大小、疏密无可挑剔。我服了，可还耍赖："姥姥，你从我手指缝里偷着往外看了！"

　　"你差点儿把姥姥的眼珠子按冒了！"姥姥用指头点了一下我的鼻子，"熟能生巧，总剪，手都有准头了！"

　　是的，庄稼人都图个吉利，姥姥对"喜鹊登枝"最熟悉不过了。数九隆冬剪，三伏盛夏剪，日光下剪，月光下剪，灯光下剪，甚至摸黑剪。姥姥的手就是眼睛，好使的剪刀就像她两根延长的手指。

　　密云多雨的盛夏，姥姥怕我溜到河里游泳出危险，便用剪纸把我拴在屋檐下。她从旧作业本上撕下一页纸，"唰唰"几下，就剪出一幅图样。我抢过来看了看，是一只顽皮的小兔子骑在一头温顺的老牛背上。我不解地问："牛干啥驮着兔子？"

　　姥姥笑了："谁让牛是兔子的姥姥呢？"

　　噢！姥姥生肖属牛，而我属兔。我嚷着还要。姥姥又剪出一幅：一头老牛和一只兔子在草地上啃食青草。姥姥问："看明白了吗？"

　　我想了想说："我知道了，是说我和姥姥在一个锅里吃饭呐！"

　　姥姥把我搂在怀里夸道："机灵鬼！"

　　从那时候起，我总是缠着姥姥剪兔子和老牛——蹦跳的兔子，奔跑的兔子，睡觉的兔子；拉车的老牛，耕地的老牛……兔子总是在玩耍，老牛总是在干活儿。我摆弄着各式各样的窗花，对活泼的兔子与敦厚的老牛充满了好感。

我上学了，小学、中学、大学——越走越远了。但我还是不断收到姥姥寄来的剪纸，其中有一幅是这样的：一头老牛定定地站着，出神地望着一只欢蹦着远去的小兔子，联结它们的是一片开阔的草地。我知道，这是姥姥对我的期待。事实上，我不管走多远、走多久，梦中总不时映现家乡的窗花和村路两侧的四季田野。无论何时，无论何地，只要忆及那清清爽爽的剪纸声，我的心境与梦境就立刻变得有声有色。

> 作者：笑源，辽宁沈阳人，本文在选入本书时略有改动。

【范文解读】

《快妈妈》 赏析

《快妈妈》是刊登在网上的一篇学生习作，文章以帮邻居织毛衣、帮邻居包饺子两件日常生活中的小事为例，呈现给我们一个快人快语、麻利爽快的母亲形象，也展现给我们一幅邻里之间团结友爱、互帮互助的温馨画面，让我们感受到这个平凡母亲的真诚、善良、友爱、无私。

本文脉络清晰，衔接紧密，首尾呼应。作者按总—分—总的顺序叙事。先总的介绍妈妈做事快的特点，接着用两个生活中的实例帮邻居织毛衣、包饺子写出妈妈不仅做事快而且乐于助人，最后以一个语气强烈的感叹句总结全文。

文章篇幅短小，语言精练，内容朴素，但真实感人，详略得当。作者善于运用语言、神态、动作的描写来表现人物的内心世界和优秀品质。

《猫哥》 赏析

《猫哥》是刊登在网上的一篇学生习作,文章以记叙"猫哥"的日常生活琐事为主,通过"猫哥"做饭偷吃、做家务睡觉两个典型事件,塑造了一个"又馋又懒"却又可爱至极的父亲形象。

全文以"猫哥"的名字贯穿始终,由外貌描写入手将父亲滑稽可爱的形象呈现给读者,然后采用过渡段引出"做饭偷吃""做家务睡觉",结尾句以"可爱"收尾,表达了对父亲的喜爱之情。

《姥姥的剪纸》 赏析

《姥姥的剪纸》这篇习作采用第一人称叙写了心灵手巧、剪纸技艺高超的姥姥,习作围绕"喜鹊登枝"和"老牛兔子"的剪纸展开了"我"和姥姥间动情有趣的故事,表现"我"对姥姥的深切怀念之情。

全文以"剪纸"为线索,揭示了所要描写的人物及与之联系紧密的事物。其用意在借"剪纸"来写人传情。"剪纸"不光是指姥姥的剪纸技艺,更是姥姥与"我"情感联结的桥梁。

【范文引路】

家是什么?家是风雨中的一幢小屋;家是什么?家是大雪天的一把酒壶,家是锅碗瓢盆、油盐酱醋;家是高堂孺子共伴红烛;家是月光下的倾诉;家是夕阳里的搀扶;家是火车晚点站台上不安的脚步;家是飞机落地拨通的第一个电话……家是什么?家是远行时一声声的叮嘱;家是什么?家是重逢时滚落的泪珠;家是姑舅叔伯彼此相祝;家是赵钱孙李兄弟手足;家是亲情的归宿;家是爱心的苗圃;家是夜半梦醒依旧未眠的慈母;家是人生课堂读不完的一部长书……

你最爱的是慈祥的爷爷奶奶还是可亲可敬的父母,或是手足情深的兄弟姐妹呢?他们有着怎样的特点,又是哪些事情让你感受到他们具有如此特点的呢?

做一做

用我们的眼睛去观察我们的家人（爷爷、奶奶、爸爸、妈妈、兄弟姐妹），他们身上有什么特点让你觉得他们是如此可爱、幽默、勤劳……请你拿起画笔给每一个家人画一幅画像，表现出他们的特点吧。

说到画家人，我的爷爷、奶奶、爸爸、妈妈、姐姐我都想画，那么是只画脸还是画他们在做什么呢？

我觉得你要看他们有什么特点，比如姐姐爱美，你就可以画她在打扮自己；爸爸爱看书，你就画爸爸坐在沙发上看书的场景……

赶紧行动起来，为你的父母、爷爷奶奶、兄弟姐妹画一幅画像吧，将他们的特点清晰展现出来。

我为家人画像

画像1　　　　　　　画像2　　　　　　　画像3

我为画像配解说

你画的可以是一个人一幅画像,也可以是一个人多幅画像,说一说每幅画像中的家人的特点,想一想所选事件是否能够突出他们的特点。

家人	特点	事件

说一说

家人各有各的特点,是选择一个特点写还是写出多个特点呢?选择怎样的事件才能更好突出家人特点呢?读读三篇范文你一定会有收获的。

特点介绍要突出——人物亮起来

你说说,我听听。

三篇范文读后家人的特点非常鲜明,"妈妈"做事麻利、乐于助人;"爸爸"馋嘴爱偷懒;"姥姥"心灵手巧、技艺高超。

是这样的,以往我们写家人首先会想到的是"爱",如果这作为特点太过平淡,三位作者恰恰是抓住了与众不同之点,让家人真实、生动形象地展现在我们眼前。

你是否发现三位作者选择的事件与家人特点之间的关系呢?

事件选择要恰当——人物活起来

我给妈妈画了一幅打扫卫生的画像,因为她爱干净,可是妈妈每天都在打扫,我该选择哪个事件呢?

我从三篇范文中发现了他们选择事件的思路,我用表格梳理出一部分,请你把另一部分梳理出来,然后学习一下吧。

题目	人物	特点	事件
	妈妈		
猫哥	爸爸	馋嘴	
			做家务偷睡
姥姥的剪纸			我"刁难"姥姥,姥姥却让我心服口服。夏天姥姥用剪纸劝阻我不要去游泳

从表格梳理上看,作者选择了日常生活中的真实事件,并经过仔细筛选后确定了符合家人特点的典型事件进行写作。

对,一定会有最让人认为妈妈特别爱干净的事情的。

在写事情的时候，要选择典型的事例。所谓典型，就是能集中反映中心思想的事，能够表现人物的好思想、好品质、美好情感的事。对小学生来说，选择典型事例，要着眼于小事，选择那些最能反映深刻意义的小事。这样的事表面上看，都是普普通通的凡人小事，但是其中却蕴涵着深刻的意义，这就是我们常说的"小中见大"。

写一写

确定特点、选好事件后我们该怎样写好这些事情呢？

我把三篇范文再次细读后，发现了两个写好习作的秘密。

你发现了哪两个秘密？

你听说过详略得当吗？我用表格梳理给你看看。

题目	人物	特点	事件	详略
快妈妈	妈妈	做事麻利	帮邻居织毛衣	详写
		乐于助人	帮邻居包饺子	略写
	爸爸	懒惰	做家务偷睡	
姥姥的剪纸		心灵手巧 技艺高超		

你看，每篇习作都写了两件事情，但是作者都会以其中一件作为主要事件具体描写，另外一件事只是几句话一带而过，这样安排全文主次分明、重点突出。

果然像你所说，详略搭配起来一人多事的习作就不会面面俱到，让人读起来乏味啦。

✓

我们在生活中会接触到各种各样的人，有时使用一件事来反映一个人就显得比较单薄，不足以充分反映人物的特点，因此，必须用两三件事才可能说得明白、再现得充分。要注意几件事不能相互矛盾，人物的性格在几件事中要和谐、统一。

我发现写好一篇习作的基础是写好一个段落。下面我用批注的方法讲给你听。

段落一：　外貌描写——这个段落主要对父亲的外貌进行了描写，活灵活现刻画了一个憨态可掬的父亲形象，为后面父亲所做趣事做了巧妙的铺垫。

"猫哥"不高但是不瘦，一副眼镜架在那双大眼睛上显得很有知识，像个"小博士"。无论站在哪，"猫哥"都爱挺着肚子，我常常把他肚子当成鼓拍。他的动作滑稽，常常把家人逗得哈哈大笑，但是对外人他不苟言笑，我觉得甚至有点严肃过分，总板着个脸，对那些他不太熟悉的人笑脸都不赏个，我怀疑人不可貌相就是来形容他的。

段落二：

> 语言描写——这个段落以姥姥与我的对话为叙述形式，不仅将自然段紧密连接，还将事件说清楚、写具体。

密云多雨的盛夏，姥姥怕我溜到河里游泳出危险，便用剪纸把我拴在屋檐下。她从旧作业本上撕下一页纸，"唰唰"几下，就剪出一幅图样。我抢过来看了看，是一只顽皮的小兔子骑在一头温顺的老牛背上。我不解地问："牛干啥驮着兔子？"

姥姥笑了："谁让牛是兔子的姥姥呢？"

噢！姥姥生肖属牛，而我属兔。我嚷着还要。姥姥又剪出一幅：一头老牛和一只兔子在草地上啃食青草。姥姥问："看明白了吗？"

我想了想说："我知道了，是说我和姥姥在一个锅里吃饭呐！"

姥姥把我搂在怀里夸道："机灵鬼！"

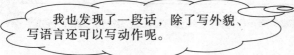

> 我也发现了一段话，除了写外貌、写语言还可以写动作呢。

晚饭后，妈妈就不停地织。当我一觉醒来时，妈妈还在"飞针走线"，蒙眬中，我看见妈妈的手在飞快地抖动，却辨不出几时"飞针"，何时"走线"，只见线团在变"瘦"，毛衣在长"长"。

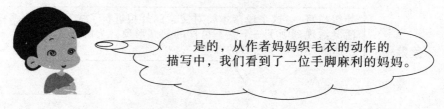

> 是的，从作者妈妈织毛衣的动作的描写中，我们看到了一位手脚麻利的妈妈。

学习到这里，你应该清楚怎样确定家人特点、选择事件、组织材料、写好段落了吧？

请同学们在下面的画框中为你最想写的家人画一幅画像,并在后面介绍一下家人的特点以及与之相配的事件吧。

【效果评价】

同学们,介绍完了自己画好的画像吗?可以和家人一起召开一个互画互谈活动,让各自的特点亮丽展现在家人眼前,让家庭的温情传入每个人心中。在整个实践活动中,自己做得怎么样呢?快找来小伙伴和父母,让他们跟自己一起为这次实践活动做一个星级评价吧。五颗星你能得几颗?

星级评价方案

评价者	能够积极参加此次实践活动,在活动中认真完成各项实践任务	能够明确地写出特点、选择材料、组织材料,写作顺序清楚	学习多种写作方法,把段落写具体,表达对亲人的真挚感情
自己	☆☆☆☆☆	☆☆☆☆☆	☆☆☆☆☆
伙伴	☆☆☆☆☆	☆☆☆☆☆	☆☆☆☆☆
家长	☆☆☆☆☆	☆☆☆☆☆	☆☆☆☆☆

注:优秀4~5颗星,良好2~3颗星,合格1颗星。

【阅读延伸】

《外婆的手纹》,李汉荣,上海教育出版社小学语文第八册。

《父亲的菜园》,王树槐,人民教育出版社小学语文第八册。

《我们仨》,杨绛,长江文艺出版社。

感受师友之爱

在人生的道路上，有许多的人陪伴着我们成长。除了亲人，最多的就是老师和朋友。老师的点滴教育、悉心的指导，都令我们终生难忘；朋友间的相互帮助、共同学习，更是我们成长路上不可或缺的伙伴。

【范文欣赏】

范文1

我的老师[①]（节选）

我永远忘不掉的，是T女士，我的老师。

我从小住在偏僻的乡村里，没有机会进小学，所以只在家塾里读书，国文读得很多，历史地理也还将就得过，吟诗作文都学会了，且还能写一两千字的文章。只是算术很落后，翻来覆去，只做到加减乘除，因为塾师自己的算学程度，也只到此为止。

12岁到了北平，我居然考上了一个中学，因为考试的时候，校长只出一个"学而后知不足"的论说题目。这题目是我在家里做过的，当时下笔千言，一挥而就。校长先生大为惊奇赞赏，一下子便让我和中学一年级的学生同班上课。上课两星期以后，别的功课我都能应付自如，作文还升了一班，只是算术把我难坏了。

中学的算术是从代数做起的，我的算学底子太坏，脚跟站不牢，昏头眩脑，踏着云雾似的上课，T女士便在这云雾之中，飘进了我的生命中来。她是我们的代数和历史教员，那时也不过二十多岁罢。

[①] 书中所选部分近现代作品用字、标点会与当代不同，本着尊重原著、尊重汉语源流演变的宗旨，保持原样，后同。

第一个月考，我的历史得99分，而代数却只得了52分，不及格！当我下课自己躲在屋角流泪的时候，觉得有只温暖的手，抚着我的肩膀，抬头却见T女士挟着课本，站在我的身旁。我赶紧擦了眼泪，站了起来。

她温和地问我道："你为什么哭？难道是我的分打错了？"我说："不是的，我是气我自己的数学底子太差。你出的十道题目，我只明白一半。"她就款款温柔地坐下，仔细问我的过去。知道了我的家塾教育以后，她就恳切地对我说："这不能怪你。你中间跳过了一大段！我看你还聪明，补习一定不难；以后你每天晚一点回家，我替你补习算术吧。"

从此我每天下课后，就到她的办公室，补习一个钟头的算术，把高小三年的课本，在半年以内赶完了。T女士逢人便称道我的神速聪明。但她不知道我每天回家后，用功直到半夜，因着习题的烦难，我曾流过许多焦急的眼泪。在眼泪模糊之中，灯影下往往涌现着T女士美丽慈和的脸，我就仿佛得了灵感似的，擦去眼泪，又赶紧往下做。

算术补习完毕，一切难题，迎刃而解，代数同几何，我全是不费工夫地做着；我成了同学们崇拜的中心，有什么难题，他们都来请教我。因着T女士的关系，我对于算学真是心神贯注，竟有几个困难的习题，是在夜中苦想，梦里做出来的。我补完数学以后，母亲觉得对于T女士应有一点表示，她自己跑到福隆公司，买了一件很贵重的衣料，叫我送去。T女士却把礼物退了回来，她对我母亲说："我不是常替学生补习的，我不能要报酬。我因为觉得令郎别样功课都很好，只有数学差些，退一班未免太委屈他。他这样的赶，没有赶出毛病来，我已经是很高兴的了。"母亲不敢勉强她，只得作罢。

我从中学毕业的那一年，T女士也离开了那学校，到别地方作事。

> 作者：冰心（1900—1999年）：儿童文学作家，原名谢婉莹。作品有散文集《归来以后》《再寄小读者》《我们把春天吵醒了》《樱花赞》《拾穗小札》《晚晴集》《冰心全集》《冰心文集》等，短篇小说《空巢》等，儿童文学作品选集《小桔灯》等。

范文 2

金岳霖先生 （节选）

西南联大有许多很有趣的教授，金岳霖先生就是其中的一位。

金先生的样子有点怪。他常年戴着一顶呢帽，进教室也不脱下。每一学年开始，给新的一班学生上课，他的第一句话总是："我的眼睛有毛病，不能摘帽子，并不是对你们不尊重，请原谅。"他的眼睛有什么病，我不知道，只知道怕阳光。因此他的呢帽的前檐压得比较低，脑袋总是微微地仰着。他后来配了一副眼镜，这副眼镜一只镜片是白的，一只是黑的。这就更怪了。后来在美国讲学期间把眼睛治好了。眼睛好一些了，眼镜也换了，但那微微仰着脑袋的姿态一直还没有改变。他身材相当高大，经常穿一件烟草黄色的麂皮夹克，天冷了就在里面围一条很长的驼色的羊绒围巾。除了体育教员，教授里穿夹克的，好像只有金先生一个人。他的眼神即使是到美国治了后也还是不大好，走起路来有点深一脚浅一脚。他就这样穿着黄夹克，微仰着脑袋，深一脚浅一脚地在联大新校舍的一条土路上走着。

金先生教逻辑。逻辑是西南联大规定文学院一年级学生的必修课，班上学生很多，上课在大教室，坐得满满的。在中学里没有听说有逻辑这门学问，大一的学生对这课很有兴趣。金先生上课有时要提问，那么多的学生，他不能都叫得上名字来，——联大是没有点名册的，他有时一上课就宣布："今天，穿红毛衣的女同学回答问题。"于是所有穿红衣的女同学就都有点紧张，又有点兴奋。问题回答得流利清楚，也是件出风头的事。金先生很注意地听着，完了，说："Yes！请坐！"

学生也可以提出问题，请金先生解答。学生提的问题深浅不一，金先生有问必答，很耐心。有一个华侨同学叫林国达，操广东普通话，最爱提问题，问题大都奇奇怪怪。他大概觉得逻辑这门学问是挺"玄"的，应该提点怪问题。有一次他又站起来提了一个怪问题，金先生想了一想，说："林国达同学，我问你一个问题：'Mr. 林国达 is perpendiculart to the blackboard（林国达君垂直于黑板）'，这是什么意思？"林国达傻了。林国达当然无法垂直于黑板，但这句话在逻辑上没有错误。

金先生已经80岁了，他就和一个蹬平板三轮车的约好，每天拉着他到王府井一带转一大圈。我想象金先生坐在平板三轮上东张西望，那情景一定非常有趣。王府井人挤人，熙熙攘攘，谁也不会知道这位东张西望的老人是一位一肚子学问、为人天真、热爱生活的大哲学家。

> 王曾祺（1920—1997年）江苏高邮人，现代散文家、文体家、戏剧家。其代表作有《受戒》《大淖记事》《邂逅集》《晚饭花集》《人间草木》。他还是京剧《沙家浜》的主要作者。

范文3

老王 （节选）

我常坐老王的三轮。他蹬，我坐，一路上我们说着闲话。

有一天，我在家听到打门，开门看见老王直僵僵地镶嵌在门框里。往常他坐在蹬三轮的座上，或抱着冰侭着身子进我家来，不显得那么高。也许他平时不那么瘦，也不那么直僵僵的。他面如死灰，两只眼上都结着一层翳，分不清哪一只瞎，哪一只不瞎。说得可笑些，他简直像棺材里倒出来的，就像我想象里的僵尸，骷髅上绷着一层枯黄的干皮，打上一棍就会散成一堆白骨。我吃惊地说："啊呀，老王，你好些了吗？"

他"嗯"了一声，直着脚往里走，对我伸出两手。他一手提着个瓶子，一手提着一包东西。

我忙去接。瓶子里是香油，包裹里是鸡蛋。我记不清是十个还是二十个，因为在我记忆里多得数不完。我也记不起他是怎么说的，反正意思很明白，那是他送我们的。

我强笑说："老王，这么新鲜的大鸡蛋，都给我们吃？"

他只说："我不吃。"

我谢了他的好香油,谢了他的大鸡蛋,然后转身进屋去。他赶忙止住我说:"我不是要钱。"

我也赶忙解释:"我知道,我知道——不过你既然来了,就免得托人捎了。"

他也许觉得我这话有理,站着等我。

我把他包鸡蛋的一方灰不灰、蓝不蓝的方格子破布叠好还他。他一手拿着布,一手攥着钱,滞笨地转过身子。我忙去给他开了门,站在楼梯口,看他直着脚一级一级下楼去,直担心他半楼梯摔倒。等到听不见脚步声,我回屋才感到抱歉,没请他坐坐喝口茶水。可是我害怕得糊涂了。那直僵僵的身体好像不能坐,稍一弯曲就会散成一堆骨头。我不能想象他是怎么回家的。

过了十多天,我碰见老王同院的老李。我问:"老王怎么了?好些没有?"

"早埋了。"

"呀,他什么时候……"

"什么时候死的?就是到您那儿的第二天。"

他还讲老王身上缠了多少尺全新的白布——因为老王是回民,埋在什么沟里。我也不懂,没多问。

我回家看着还没动用的那瓶香油和没吃完的鸡蛋,一再追忆老王和我对答的话,捉摸他是否知道我领受他的谢意。我想他是知道的。但不知为什么,每想起老王,总觉得心上不安。因为吃了他的香油和鸡蛋?因为他来表示感谢,我却拿钱去侮辱他?都不是。

本文转载自"中学语文网"

杨绛(1911—2016年),本名杨季康,江苏无锡人,著名作家、戏剧家、翻译家。代表作有散文随笔《我们仨》,散文集《走到人生边上》《杨绛文集》《洗澡之后》等。本文选自《杨绛散文》(浙江文艺出版社1994年版)。

【范文解读】

《我的老师》 赏析

　　《我的老师》是冰心追忆她的中学老师——T老师的几件事。作者主要描写了T老师帮助"我"补习算术，使"我"的成绩提高很快，并且退回了母亲送她的贵重衣料。T老师的所作所为令作者十分感动。这篇文章和我们的生活十分贴近，感觉就发生在我们身边。在阅读时，我们要关注这位文学大家是怎样把普通的事情写得具体、生动的。

《金岳霖先生》 赏析

　　《金岳霖先生》是当代作家汪曾祺的一篇文章。全文以一个"趣"字为线索，描写了金先生有趣的外表穿着、所教有趣的学科、有趣的提问、有趣的答问、有趣的接触社会的方式等，以展现一个哲学家的全貌。文章的字里行间都充满了作者对金岳霖先生的敬爱之情。这篇文章线索清晰，用一个"趣"字贯穿全文，仿佛把我们也带到了金岳霖先生的身边。在阅读时，我们可要关注作者是抓住金岳霖先生的哪些特征把这位有趣的老师介绍清楚的。

《老王》 赏析

　　《老王》是著名作家杨绛笔下的一个普通人，作者通过写她与老王交往的生活片段，写出了他的社会地位低下、生活艰难困苦，但是精神上没有受到任何污染——老实、厚道、纯朴，以及老王死后她的愧怍心理，高度赞扬了老王苦境中的善良品质，表达了"我"一家对老王那样的不幸者给予的关心、同情和尊重。我们在阅读这篇文章时，要关注作者是从哪几方面刻画老王这个普通人的，又是怎样写生动的。

【范文引路】

　　老师，似园丁般培育着我们，似灯塔般为我们指引方向。老师对我们的爱如春风化雨，润物无声。朋友，似叮咚的泉水陪我们一路欢歌。我们赶快行动起来，把跟老师、同学一起照的照片找出来，把它们汇集成册。每每把师生照片集拿出来自己回味或者和别人分享的时候，相信你依然还会被其中的故事所陶醉。

做一做

同学们，在你与老师或同学的相处中，有没有让你回味无穷的故事，那就赶快拿出笔，把感动你的师生故事或伙伴之间的故事记录下来，感受老师或同学对你的爱吧。

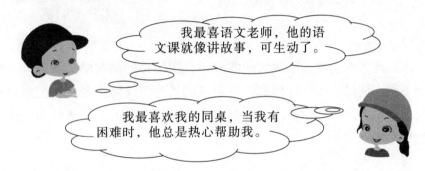

我最喜语文老师，他的语文课就像讲故事，可生动了。

我最喜欢我的同桌，当我有困难时，他总是热心帮助我。

你喜欢哪一位老师或同学呢？你喜欢他的哪一方面呢？先和同学交流一下，回忆最感动你的那瞬间，或者让你记忆犹新的事情……做一个简单的梳理吧。

记忆深刻的老师或同学

人物	关系	时间、地点	事件

说一说

你能把你和老师、同学之间的故事介绍给你的朋友吗？该怎么介绍才能吸引小伙伴们呢？如果你还有困难的话，阅读可以帮助我们解决这样的问题。去读一读前面的三篇范文，看看作者是怎么把老师和伙伴之间的事写生动的。

抓住人物性格特点

冰心的《我的老师》这篇文章，描写了"我"算术考试不及格，T女士来安慰"我"，并给"我"鼓励。T女士帮"我"补习算术，"我"十分感激她。你喜欢T老师吗？找出文章中你喜欢的句子，把它们摘抄下来，说说自己喜欢的理由。

同学们真不错，找到了自己喜欢的句子，写出了喜欢的理由，快和

小伙伴一起分享吧。

我喜欢的句子：_____
_____

喜欢的理由：_____
_____
_____
_____

在读文章的时候，哪里更吸引你？认真读一读，看看写出了T老师的什么特点。

《我的老师》（冰心）

所写事件	写出了T老师哪些特点	从哪些句子感受到的	怎样写的

从T老师"抚着我的肩膀"这一动作描写，可以看出她是个温柔的老师！

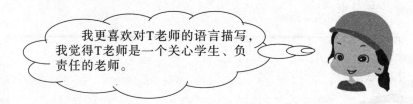

同学们真棒,作者冰心正是抓住了对T老师印象最深的事例进行描写,才让T老师的形象走进了我们的内心,看来抓住人物中最突出的特点就能让这个人物深入读者的内心。你的老师或同学,他们的人物性格特点是什么?用一两个词语概括一下。

言、行、神、貌来表现

怎么才能把人物的性格特点说清楚呢?《金岳霖先生》这篇文章中藏着好方法,我们快来读读吧。

《金岳霖先生》写出了金岳霖先生怎样的性格特点?

请同学们默读文章《金岳霖先生》的2~4自然段,作者写了金先生的哪几件事?你更喜欢哪一件?为什么?

人物	事件	描写方法
金岳霖先生		

同学们,把你的发现交流交流吧。作者正是从金岳霖先生外表、课上回答问题、教学方式三个方面写出了金先生的有趣。作者写得栩栩如生,就像我们自己亲眼看到了一样。

我们也可以仿照这样的写法,把我们和老师或同学一起经历的事情说一说。刚才我们用"有趣"一词概括出了我们看到的金先生的性格特点,现在我们就来仿照这样的写法,把我们和老师或同学一起经历的事情写生动。作者汪曾祺选择的是从不同的方面来介绍的,我们也可以选择从不同角度、不同方面等多种方法来说和老师或同学一起经历的事情。

人物	主要事件	描写方法

同学们学会了抓住人物性格特点,通过语言、动作、神态、外貌等描写把事情叙述清楚之后,快来和自己的小伙伴一起说说你和老师或同学经历的一些事情吧。

我说的内容感觉很啰嗦,而且写得也不生动。

我也觉得不像我们学过的文章那样生动。咱们还是上文章中去找找好办法吧。

我们来读读第三篇选文《老王》,看看能不能从中学习一些方法,让我们的表达也更加精彩。

请同学们默读文章。这篇文章写了一件什么事?你认为老王是个怎样的人?作者是怎样把这件事情写生动的呢?

事件	印象深的语句	描写方法	人物品质

同学们能从文章的语句中归纳出人物的品质,真棒。请同学们认真阅读《老王》这篇文章,看看这篇文章都描写了哪些人物,按顺序填写

在下面的表格中，你一定会发现作者是怎么写生动的。

我发现，这段话写得真好，描写的内容真生动。

我也发现这个特点了，我还发现语言描写与动作描写、神态描写相结合会使描写内容更生动。

人物	主要事件	描写方法	人物品质

这段话就是几种描写方法相结合的，使这篇文章描写得更生动。

有时候融入一些环境描写或者外貌描写会使文章描写得更生动。

看，像这样安排所写的内容时，我们的表达就更加生动，描述就更加清楚，让别人就能听明白了。其实在我们的语文课文中，还学过一些文章的写作顺序，我们运用这些写法，就能把事件描述清楚。

我们学习到了这里，你解决了自己表达上的问题了吗？我们再次拿出自己照片，把自己和老师或同学亲身经历的事情，安排好顺序和段落结构，让我们把内容说得更加精彩。

写一写

请同学们先把自己写的简单记录进行整理吧。然后围绕着老师或朋友写一件或几件事，把话说清楚、说通顺、说具体。

同学们可以仿照范文，多写几篇这样的文章介绍自己的老师或同学，制作故事集和同学们分享。

【效果评价】

同学们，自己写好和老师亲身经历的一件事，通过召开分享会和同学一起分享，并且修改完善自己和老师亲身经历的故事，在整个实践活动中，自己做得怎么样呢？快找来小伙伴和父母，让他们跟自己一起为这次实践活动做一个星级评价吧。五颗星你能得几颗？

星级评价方案

评价者	能够积极参加此次实践活动，在活动中认真完成各项实践任务	学习作者的描写方法，展现人物特点，感悟作者有序的表达	对自己经历的事情进行描述，语言通顺连贯，特点突出
自己	☆☆☆☆☆	☆☆☆☆☆	☆☆☆☆☆
伙伴	☆☆☆☆☆	☆☆☆☆☆	☆☆☆☆☆
家长	☆☆☆☆☆	☆☆☆☆☆	☆☆☆☆☆

注：优秀4~5颗星，良好2~3颗星，合格1颗星。

【阅读延伸】

《朋友》，贾平凹，重庆出版社。

《藤野先生》，鲁迅，人民出版社。

《我的老师》，魏巍，人民文学出版社。

回忆美好经历

我们的生活丰富多彩，尤其是自己的亲身经历，或能给你留下美好回忆，或是令你受到启发，或能感到集体的温暖，或是使你……如果能将这些美好瞬间变成文字记录下来，相信能在我们的记忆库中留下美好的一页。下面，便是几位小同学令人难忘的亲身经历，读一读，看看能从中得到什么启发。

【范文欣赏】

范文1

一定要征服你①

长这么大，考试对我来说，简直是家常便饭。它带给我的有成功的快乐，也有失败的懊恼。随着时光的流逝，我渐渐将它们淡忘了，唯独那次800米测试却深深印在我的脑海里，至今记忆犹新。

那是一个炎热的夏天，临近考试，完成了紧张而又繁忙的复习任务，终于要有节体育课放松放松了，心情别提有多舒畅！我们有说有笑地走出楼门，可一到操场，体育张老师便向我们宣布："今天这节课女生800米测试，三分五十秒及格，男生……"

刚宣布完，我的腿马上就软了："天啊，这可是在外面，看看那如火的骄阳，站在太阳下，就已经够呛了，还测试800米长跑。从小就体弱的我，怎么行？算了算了，我放弃，大不了体育不及格……"正想着，张老师走了过来，拍拍我的肩膀，说："王宁，紧张吗？别怕，800米测

---

① 本文在选入本书时略有改动。

试,不仅需要体力,更需要毅力,你是一个坚强的女孩子,老师相信你,一定行!"听了老师的这番话,我勇气倍增,踏上了跑道……这真像是永远没有终点的征途,我感觉自己的腿越来越沉,步子越跑越慢,呼吸越来越急促,眼睛越来越模糊……我知道我的体力快到极限了。不行了,我快挺不住了!我脑海中两个念头在打架,两个声音在争论。一个声音说:"停下来吧,你太累了。"另一个声音说:"前进,离终点不远了,坚持就是成功。"我甩甩混沌的脑袋,张老师刚才鼓励我的话再一次在我脑海里翻腾,是的,我是个坚强的女孩子。奥运赛场的跑道上,飞人刘翔即使脚受了伤,也要坚持到达终点;NBA明星乔丹,上篮时被对手撞到,重重摔在地上,经过简单治疗,不也是返回赛场继续带领自己的球队夺冠吗?而这800米跑算什么,我一定要征服你!

我一步步艰难地向前跑着,终于到终点了。"三分四十六秒,及格了!"张老师欣喜地公布成绩,同学们也都投来了诧异的目光。我内心的喜悦溢于言表,真难相信我能跑完800米,甚至及格。然而,我却做到了。曾以为800米长跑考试比登天还难,但我现在明白了:不要轻言放弃,只要坚持就能成功。800米长跑如此,做其他事情亦是这样啊,认准目标,坚持不懈,成功一定属于你!

800米长跑考试,是我永远难忘的一次考试,它激励着我在以后的人生跑道上向前、向前。

范文2

都是小狗惹的祸[1]

老师常常对我们说:"做事情一定要专心,不能三心二意!"可我却不放在心上。前不久发生的一件事,改变了我的看法。

那天我可高兴了,因为是妈妈送我上学。平时妈妈在学校教书,总没时间。那天妈妈正好去我们学校听课,能顺路送我上学。

---

[1] 本文在选入本书时略有改动。

我坐在自行车的后架上，心里美滋滋的，就像吃了半斤蜜似的，左瞧瞧，右看看，还不时将手搭在妈妈腰间，扯扯这、动动那，总也闲不下来！昨夜刚刚下过小雨，空气格外清新，路边的小草也显得更鲜亮，绿得很。我一边看，一边眉飞色舞地跟妈妈聊学校里发生的那些有意思的事，妈妈一边骑车，一边与我说话，我们聊得那叫个畅快。突然，路边跑出一条小狗，高兴地撒着欢儿，直奔我们的自行车过来。妈妈躲闪不及，前车轱辘压在狗身上，小狗"嗷嗷"叫了两声，爬起来一下子窜向路边草丛，眨眼就不见了。由于自行车的惯性，我和妈妈都摔倒在路边的水坑里，车把被摔得变了形，书包被甩出很远。几位过路的好心人，看见了纷纷前来帮忙。有的把车子扶起来，有的捡回书包……我爬起来，全身泥水，刚才的好心情一下子被摔得无影无踪了。

"先回家换衣服吧。"妈妈提议。"好吧！"我垂头丧气地跟在妈妈身后。回到家，奶奶见到我们狼狈的样子，还一个劲儿地埋怨。我的心里更加懊恼，忙替妈妈开脱："不怪妈妈，全是小狗惹的祸！"而我心里却在想："自己真不应该跟妈妈聊天，分散了妈妈的注意力。不然，也不会这么狼狈。"

这件事，让我明白了"做事情一定要专心，不能三心二意！"

范文3

金钱难以替代的真情[①]

我15岁那年，非常迷恋音乐。我们想组织一个乐队，却没有音箱。我难为情地跟爸爸开口要钱。爸爸说："儿子，很抱歉，我们没有多余的钱。咱们自己动手做吧！"

自己做？我满心疑惑，但也别无选择。此后，爸爸牺牲所有的闲暇时间，和我一起做音箱。我们一起挑选木材，购买喇叭和蒙在音箱上的编织材料，甚至胶水也是跑了好几家商店才买到的。终于，我们的音箱

[①] 本文在选入本书时略有改动。

做好了,我们的乐队可以参加学校的比赛了。但我心底始终有个疑问挥之不去:花在材料上的钱足够买一个音箱了,为什么还要自己做呢?

比赛的日子到了。我们自制的音箱引起了同学们的注意。有个同学问:"什么牌子的?自己做的吗?"我窘得无言以对,只好坦白:"是的,我爸爸和我一起做的。"出乎我的意料,他竟然十分羡慕,甚至有点儿妒忌:"唉!我爸爸从来不和我一起做这些事。"

刚才的窘迫顿时烟消云散,我感到无比自豪和幸福:"我有一个多么了不起的爸爸!为了让我美梦成真,他牺牲了自己宝贵的时间和精力。"这时,我看到爸爸在一个不起眼儿的角落,正对我微笑呢。

长大后我提起这件事,爸爸说:"我并不是没钱买音箱。我只想和你一起分享一些时光。"的确,爸爸给了我金钱难以替代的真情。别人的父亲或许只是简单地给孩子买个音箱,但我的爸爸却给了我他的时间、他的关爱。

今天,我还能清晰地回想起那自制音箱的形状,闻到它散发的胶水味儿,听到它传出的第一个音符,看到爸爸脸上的微笑,特别是那双充满爱意的眼睛。

范文4

再也不敢惹牛了[①]

童年生活像一个五彩斑斓的梦,使人留恋,使人向往。童年生活中发生的一件件有趣的事,常常把我带入美好的回忆中。

8岁那年,我痴迷于玩弹弓,每天中午都在院子里练习,"啪,啪,啪",个个命中靶心。玩了一阵,我觉得没什么意思,想找个活物练练。扫视一圈后,我将目标锁定在了正在牛圈里吃草的黄牛身上……我拿起弹弓瞄准,拉长皮筋,"嗖——"地向牛屁股射去。也许是黄牛感觉到一阵"飓风"向它刮来,它一低身子,一转头,子弹不偏不倚,正中它的

[①] 本文在选入本书时略有改动。

脑门。它抖了抖尾巴，肯定被射疼了。

黄牛看到圈外的我，两眼瞪得像铜铃，好像在对我说："啊，是你小子，看我怎么收拾你！"我紧张地盯着牛圈，心想："可别冲出来呀！"结果，天不遂人愿，牛扯断了绳子，用角使劲顶圈门，随着"咔嚓"一声响，门顺势倒下，黄牛低着头向我冲来……

我吓蒙了，第一反应只有一个字——逃！我用最快的速度向院外奔去。我跑到公路上，本想歇口气，回头一看，那牛真是疯了，像一列火车一样朝我奔来。哎呀！可不能再歇了，快逃命吧！我边跑边回头，完了，距离越来越近了，四条腿的追两条腿的，我可吃亏了！无奈，我只好转圈跑，疯牛见我拐弯，追得更紧了。"一头牛在追一个小孩！"这个新闻几乎在同一时间传遍了村子，大人小孩都出来看热闹，有的人高喊着给我出主意。

我跑到东边，牛追到东边；我跑到西边，牛追到西边。这时，我看到柴垛前方有棵老树，伸出了一根枝杈，于是心生一计：我可以学李连杰那样蹬树上蹿，双手抓住树枝，使身体悬空，而它会把牛角插到树里拔不出来，那样我就没事了。我看准时机，绕过柴垛，一跃而起，倒是抓住了树枝，可就在我使劲儿往上拽的时候，只听"咔嚓"一声，树枝断了。你说巧不巧，我不但没逃出去，反而掉在了牛背上。这下真完了！牛见我在它背上，边拼命地折腾起来。我紧紧地闭上双眼，害怕一下子掉下去。幸亏我玩过游乐场的"狂牛"游戏，它折腾我，我就顺着它的劲动……

最后，还是看热闹的人用链子拴住了牛，把我解救了出来，不然，我的小命肯定保不住了。当时，我真是吓得三魂丢了两个半呀！

那次可真险，没想到牛也会愤怒成那个样子，简直是牛劲十足，现在想起来，我仍然心有余悸，感到后怕呢！

【范文解读】

《一定要征服你》 赏析

这篇文章主要讲述的是一个炎热的夏天，体育老师宣布测试800米，面对800米跑道,"我"内心不断挣扎,最后,终于坚持到达终点,成功通过测试。这样的事,本是一件普通到不能再普通的小事,可能对于很多同学来说,都曾经经历过,而小作者却把它讲述得并不普通,做到了小中见大。

阅读时,关注一下小作者是如何将这件事情的过程讲述清楚的,尤其是测试前后心情的变化和测试时内心的挣扎。带着这些问题阅读此文,相信你一定会有很大收获。

《都是小狗惹的祸》 赏析

好事变成了坏事,好心情变成了坏心情。这篇文章主要讲述了妈妈骑自行车送"我"上学,"我"非常高兴,但因和妈妈聊天分了心,一不小心撞到狗,摔倒在水坑里的狼狈事。

阅读时,一定要把这件事与前面的好心情和后面的坏心情联系起来看,同时关注,小作者是怎么写好心情的,又是怎么写坏心情的。

一个小问题:小作者在写好心情时,加入了一段自己在路上看到的景色,你觉得这与此时的好心情有什么关系呢?

《金钱难以替代的真情》 赏析

这是小作者与他父亲的一段美好经历,主要讲述了:"我"想要一个音箱参加乐队比赛,爸爸说缺钱要和"我"一起做;拿着"我"和爸爸自制的音箱去参加比赛,得到同学的羡慕,感到非常自豪,最终,"我"明白了爸爸的良苦用心。

阅读时,要重点关注开始我的疑惑"花在材料上的钱足够买一个音箱了,为什么还要自己做呢?"和后来爸爸对我说的话"我并不是没钱买音箱。我只想和你一起分享一些时光。"以及比赛那天同学询问时我窘迫的心理和得知同学十分羡慕后那种骄傲自豪的心情。把这些内容联系起来看,可能你会有更深的感受。

《再也不敢惹牛了》 赏析

这篇文章十分有意思,主要讲述了"我"用弹弓射牛,结果把牛激怒了,牛发疯似的追"我",我狼狈逃窜,最后大人把"我"解救的一件童年趣事。

文章中,射牛、牛发怒、疯狂追、狼狈逃等场面,被小作者表现得淋漓尽致,仔细读一读,看看小作者到底是怎么写的,相信你一定会从中得到不少启发。

【范文引路】

相册,大家都非常熟悉,里面珍藏的一组组照片,带给你们的是一段段美好的回忆,尤其是那些记录着自己美好经历的照片,更是令人记忆犹新。

将这些照片配上文字,甚至插入音乐、视频,让照片和文字形成互补,图文并茂、相得益彰,把你的相册变成一本电子图文相册,然后与人分享。这对你的儿时生活是不是会更加有意义呢?

这次实践活动,咱们就一起合作,制作一本电子图文相册。

活动主题《制作电子图文相册》

做一做

赶紧行动起来吧!翻开你的相册,看看那些记录着你美好经历的照片中,哪些最是令你难忘。

那张赛场上,我奋力奔跑的照片最令我难忘。因为那次比赛,我不但赢得了赞许,更懂得了只有坚持才能成功的道理。还有……

我最喜欢那张站在大树下哈哈大笑的照片,因为这让我想起了儿时一段有趣的经历。还有……

是的，这些照片，可能记录着你童年生活的一件趣事，可能留下了你儿时经历的一段真情，可能令你回忆起事件背后的收获与启发，也可能让你眼前浮现出努力拼搏时的辛苦与欢乐……

你选好了吗？将你选好的照片贴在下面的相框中吧！

看到这张照片，是不是往昔那段美好经历又浮现在你的眼前了？回忆一下，按要求完成下面的预作卡。

《制作电子图文相册》语文实践活动预作卡

时间 地点 人物	难忘的事	感悟

说一说

确实,把一件事情说清楚,而且还要做到吸引人,这对于有些同学来说,是一个难题。不过,当你们遇到这些困难的时候,千万不要着急!其实,阅读是好帮手!我们可以通过阅读来解决这些问题。赶紧读一读前面的几篇范文,看看那些小作者是怎么将事情说清楚、做到吸引人的。

拟个好题目(聊拟题)

一篇文章,一段文字,我们第一眼看到的就是题目。取个好题目,这是做到吸引人的第一步。

对于自己的美好经历,题目叫"一件难忘的事"本来无可厚非。不过,显得有些笼统、模糊,没有吸引力。取题目要"小",要让人看了有好奇心。怎样让别人读了你的题目后想看文章呢?

其实,上面四个小作者的作文题目,就各具特色,是很好的范例,我们不妨拿出来与"一件难忘的事"这样的题目做一下比较：

原来的题目	后来的题目	我们的感受
一次难忘的考试	一定要征服你	题目本身就是个"悬念"，要征服的是谁？怎么征服？最后结果如何？当读者看了这个题目，一定想看看到底发生了什么
令我最难忘的一件事	都是小狗惹的祸	当读者看到这个题目，一定会想，小狗到底惹了什么祸，这又与文中的"我"有什么关系呢？赶紧去看看吧
一段难忘的经历	金钱难以替代的真情	从文章立意入手，将金钱与人的情感放在一起进行比较，在凸显其中真情的同时，引发了读者的好奇
一件难忘的事	再也不敢惹牛了	用事件的结果作为题目，既留下悬念，又不失趣味，易于引起读者的阅读兴趣

怎么样，看了上面的比较，对于取个什么样的题目有想法了吗？

我有些明白了，新颖独到的题目，往往可以引人入胜、发人深思、引起读者的关注，激发阅读兴趣。

那就赶紧开动脑筋,给自己的这段文字也拟一个好题目吧!

我的题目:_____

拟题理由:_____

把事说清楚(聊事件)

向别人讲述自己美好的经历,把发生的事情说清楚也非常重要!

没关系!认真阅读上面四篇范文,把范文中的事件部分对比着看一看,你们一定会发现,小作者们在叙述这些事情的时候有着共同点。

一定要征服你

主要事件:一个炎热的夏天,体育老师宣布测试800米。面对800米跑道,我内心不断挣扎。坚持到达终点,成功通过测试。

分解一下——

先写：一个炎热的夏天，体育老师宣布测试800米。（事情的起因）

接着：面对800米跑道，我内心不断挣扎。（事情的经过）

最后：坚持到达终点，成功通过测试。（事情的结果）

都是小狗惹的祸

主要事件：妈妈骑自行车送我上学，我非常高兴。我和妈妈聊天分了心，一不小心撞到狗，摔倒在水坑里。我们狼狈地回家换衣服。

分解一下——

先写：妈妈骑自行车送我上学，我非常高兴。（事情的起因）

接着：我和妈妈聊天分了心，一不小心撞到狗，摔倒在水坑里。（事情的经过）

最后：我们狼狈地回家换衣服。（事情的结果）

金钱难以替代的真情

主要事件：我想要音箱，爸爸说缺钱要和我一起做。我和爸爸自制音箱，并拿着去参加比赛，得到同学的羡慕，感到非常自豪。最终，我明白了爸爸的良苦用心。

分解一下——

先写：我想要音箱参加比赛，爸爸说缺钱要和我一起做。（事情的起因）

接着：我和爸爸自制音箱，并拿着去参加比赛，得到同学的羡慕，感到非常自豪。（事情的经过）

最后：最终，我明白了爸爸的良苦用心。（事情的结果）

再也不敢惹牛了

主要事件：我用弹弓射牛，把牛激怒。牛发疯似的追我，我狼狈逃窜。大人把我解救出来，我很后怕。

分解一下——

先写：我用弹弓射牛，把牛激怒。（事情的起因）

接着：牛发疯似的追我，我狼狈逃窜。（事情的经过）

最后：大人把我解救出来，我很后怕。（事情的结果）

我们在写一件事情的时候,也要学着把这件事情的起因、经过、结果说清楚。学着上面那样,把自己要讲述的事情安排好吧!

题目:

起因:

经过:

结果:

情节吸引人（聊情节）

只把事情按起因、经过、结果的顺序简简单单地说清楚还不够。对于一件事情来说,尤其是这件事情的"经过",还要让它丰满起来,做到吸引人,让读者一读觉得有意思,这样别人才会有兴趣读下去。

有些同学在写文章时经常会遇到一些令人头疼的问题："事情"总是没得写、"过程"好似流水账、"句子"乏味干巴巴……这些都是导致我们写事没有意思、不够吸引人的原因。

遇到这些令人头疼的问题时，可以紧紧抓住"阅读"这个好帮手！

那好！咱们一起认真阅读上面几篇范文，看看文中藏着什么好方法。

◆ "一件事情"分几步——分解事件

咱们先来分析一下：一件事情没得写、写出来也没意思，很大一部分原因是写事过于笼统，一两句话就把这件事情写完，然后，就不知道怎么写了，当然也更谈不上吸引人。你们是不是有这样的同感呢？

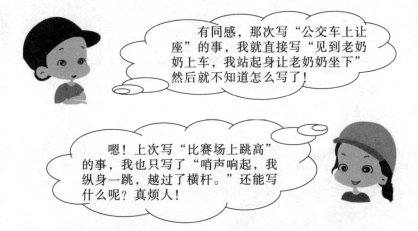

有同感，那次写"公交车上让座"的事，我就直接写"见到老奶奶上车，我站起身让老奶奶坐下"然后就不知道怎么写了！

嗯！上次写"比赛场上跳高"的事，我也只写了"哨声响起，我纵身一跳，越过了横杆。"还能写什么呢？真烦人！

正是如此，"见到老奶奶上车，我站起身让老奶奶坐下"和"哨声响起，我纵身一跳，越过了横杆"这两句话就过于笼统，这样的文字出现在作文中，当然我们就没得可写了，因为都已经写出来了。遇到这种情况怎么办呢？《一定要征服你》这篇范文中藏着好方法，我们快来读读吧。

认真默读《一定要征服你》中2~4自然段,看看小作者在讲述"期末800米测试"这件事情的时候,分别写了哪些内容。用简单词语记录在下面。

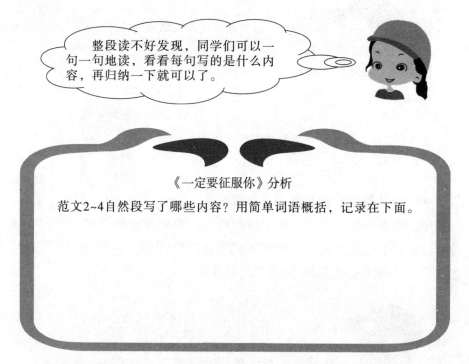

《一定要征服你》分析

范文2~4自然段写了哪些内容?用简单词语概括,记录在下面。

想一想:这些情况分别是在"测试"的什么时候发生的?在上面圈一圈,注一注。

小作者在写这件事的时候,并没有笼统地写,而是将这件事分解为几个步骤来写:测试前(宣布测试、畏惧之心、老师鼓励)→测试时(体力透支、内心挣扎)→测试后(通过测试、老师欣喜、同学诧异、内心喜悦)。

这样看来,我写"公交车上让座"的事,就可以将其分解为"看到→起身→搀扶→坐下→表扬"几个步骤。

那我写"比赛场上跳高"的事,是不是可以将其分解为"准备→助跑→起跳→翻越→落地"这几个步骤呢?

对呀!一件事情或一个精彩瞬间,我们便可以将其按照一定的顺序分解为几个步骤,一个步骤一个步骤分开写,文章的内容就丰满起来了。

赶快行动起来吧!看看你要讲述的这段美好经历可以分解为几个步骤来写呢?

◆ "过程中间"加波折——情节发展

关于咱们的"美好经历",一定离不开这样或那样跟自己生活关系密切的事情,之所以写出来是"流水账",关键就是一味叙述事件,而没有在事情发展的过程中设计出一些小波折。

例如:范文《都是小狗惹的祸》,如果只是一味叙事写出来是这样——

今天,妈妈骑自行车送我上学,一只小狗突然跑出来,我们躲闪不及压在了狗身上,摔倒在水坑里,我们只好回家换衣服,奶奶还责怪我们。

请同学们默读《都是小狗惹的祸》的3~4自然段,看看小作者除了把上面那件事情写清楚外,还写了什么。用＿＿画出来,并做好批注。

读的时候,同学们可以重点关注一下事发之前、事发之时和事发之后呦!

怎么样！你们发现了吗？小作者写这件事情的时候，并不是一味叙述这件事，而是在写这件事之前先写了"我"当时高兴的心情，令人舒爽的环境，聊天时开心的动作、神态，事情发生时对小狗进行了详细的描述，事情发生后还写了我们狼狈的样子和懊恼的心情。由高兴到遇险再到狼狈、懊恼，与上面一味叙事相比较，是不是这件事多了些曲折呢？而且，读起来也有意思多了、吸引人多了，摆脱了流水账的现象。

而且，那段令人舒爽的环境描写特别有意思！认真研读你会发现，这样的环境恰好与我当时高兴的心情相互映衬，同时还与后面懊恼的心情形成了鲜明的对比。

总结一下，写事不能一味叙事，我们到底还可以写什么呢？

是的，可以写事发之前、事发之时和事发之后的动作、神态、语言、心情，或是与之能够相互映衬的环境……调动自己的各种感官，看到的、听到的、想到的……通通加进来，从而给这件事造成一些小波折。

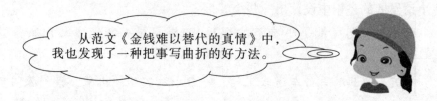

从范文《金钱难以替代的真情》中，我也发现了一种把事写曲折的好方法。

很多文章写得不够曲折，就是因为不会"卖关子"，也就是平铺直叙，没有给读者留下任何悬念。有时候，一件普普通通的事情，卖上几次"关子"。文章立刻就会变得生动有趣、耐人寻味起来。

范文《金钱难以替代的真情》中，小作者留下两处悬念，卖了两次"关子"。请同学们默读2自然段，把这两处用 ～～ 画下来，并对这两处的作用发表自己的见解。

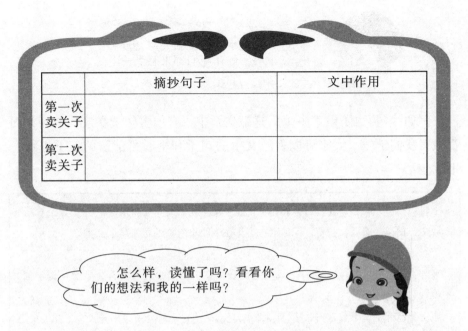

	摘抄句子	文中作用
第一次卖关子		
第二次卖关子		

怎么样，读懂了吗？看看你们的想法和我的一样吗？

这里，小作者在听到爸爸说，家里没有多余的钱，要和他动手做音箱时，第一次卖关子："自己做？我满心疑惑，但也别无选择。"作为阅读者，看到这样的疑惑，不禁也引发了我们的联想：自己做能做好吗？做出来后会不会被别人笑话呢？第二次卖关子："花在材料上的钱足够买一个音箱了，为什么还要自己做呢？"其实，这不仅是小作者的疑问，同时也是我们的疑问。这两次"卖关子"在调动读者的阅读兴趣的同时，为下文中别人问起我音箱时的窘迫、自豪，以及后来明白爸爸良苦用心做好了铺垫，起到了前牵后连的作用，从而使这篇文章事情的发展有了波折。

◆ "遣词造句"有特色——语言运用

同样的动作、同样的心情……有些人写出来，每句话都非常有意思，画面感十足，既有品头儿，又有嚼头儿，耐人寻味。而有些人写出来，却是干巴巴的，枯燥又乏味。之所以这样，语言的运用是否有特色便是原因之一。

语言有特色，就是说，我们遣词造句应力求避免陈词滥调，力求避免人云亦云，要多多打造具有个人"版权"的句子。

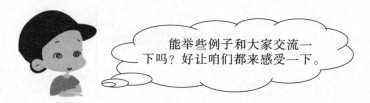

例如,《再也不敢惹牛了》这篇文章中,有很多句子在遣词造句方面都值得我们学习,大家可以将原文中的句子和平时可能写的句子进行一下比较:

> 平时:扫视一圈后,我将目标放在了正在牛圈里吃草的黄牛身上。
> 原文:扫视一圈后,我将目标锁定在了正在牛圈里吃草的黄牛身上。
>
> 平时:也许是黄牛感觉到一阵风向它刮来,它一低身子,一转头,子弹不偏不倚,正中它的脑门。
> 原文:也许是黄牛感觉到一阵"飓风"向它刮来,它一低身子,一转头,子弹不偏不倚,正中它的脑门。
>
> 平时:那牛真是疯了,像一列火车一样朝我追来。
> 原文:那牛真是疯了,像一列火车一样朝我奔来。

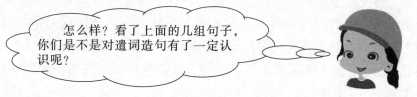

是的,上面几组句子中,第一句显得太普通,而第二句就挺有特色,让人印象深刻。其实,比较起来一看,只是改动了一个词,但语言的味道却大不相同。由此可见,词语的新鲜、语言的别致太重要了。

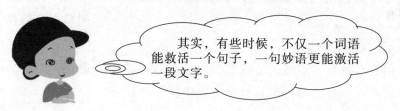

大家有没有想过，我们在遣词造句时有意识地加入一些想象，用上一些恰当、富有个性而又鲜活生动的比喻句呢？出色的比喻句能使你的作文瞬间文采飞扬。

请同学们默读《再也不敢惹牛了》3、4两个自然段，画出其中的比喻句，体会一下这样写的好处。

第一处：把"子弹带起的令人感觉不到的风"比喻成"飓风"，实际情况夸大，增加无限趣味的同时，生动形象地表现出了子弹的速度之快、力量之大。

第二处：把"牛眼"比喻成"铜铃"，形象地表现出了此时这头黄牛有多么愤怒。

第三处：把"牛向我冲过来的样子"比喻成"一列火车朝我奔来"，形象地表现出此时的老黄牛气势有多么凶猛，速度有多么快。

这些比喻句的使用，瞬间就能将读者带入当时的情境之中，使读者浮想联翩、身临其境。可以说，趣味性、鲜活度、带入感十足。

上面总结出来的方法只是众多写作技巧中的点点滴滴，全在抛砖引玉，更多的技巧要你们自己去发现，通过阅读去发现。而且，不仅要读得多，还要会阅读，那种追求"闪读"，追求快速，只解大意的读，不会令你在写作上有所进步。

写一写

当然，你要想提高作文水平，除了读得多，还要写得多。那些作家之所以写出佳作，就是在一次次面对自己不满意的初稿时，不放弃，不停地写，直到打磨到满意为止。这次实践活动——制作电子图文相册。我们可以分三个步骤来完成：单张照片配文、多张照片配文、电子图文相册。

第一步：单张照片配文训练

你们厚厚的相册中的每张照片，都承载着一段美好的回忆。从中甄选一张，想一想：在这张照片的背后，发生了一件什么事？事情的起因是什么，经过怎么样，最后的结果又如何？从中你又有哪些收获？然后，就用前面的方法，为自己的这张照片配上精美的文字吧！

贴照片

第二步：一组照片配文训练

有时候，一件事中，我们会保留一组照片。这样，就会使事件中的诸多细节得到更多的呈现。然而，这种情况下图文能否配合紧密，就成为我们需要考虑的问题。这次练习，就是为这件事中的一组照片配文。

贴照片

贴照片

贴照片	＿＿＿＿＿＿＿＿＿＿＿＿＿＿＿＿＿＿
	＿＿＿＿＿＿＿＿＿＿＿＿＿＿＿＿＿＿
	＿＿＿＿＿＿＿＿＿＿＿＿＿＿＿＿＿＿
	＿＿＿＿＿＿＿＿＿＿＿＿＿＿＿＿＿＿

第三步：制作电子图文相册

（1）推荐工具：

①美篇（官网：http://www.meipian.cn/），是一款好用的图文创作分享工具，可下载 App 至手机或下载电脑版至电脑后进行图文编辑操作，方便快捷，一次能发百张图片，可任意添加文字描述、背景音乐和视频，并能发到微信朋友圈或微博与朋友分享。

②微信公众号（官网：http://mp.weixin.qq.com/），也是一款图文创作分享工具，功能强大，可编辑文字、插入图片、背景音乐等，并能发到朋友圈。

③Word 或 PPT：能编辑文字、插入图片、背景音乐和视频等。

（2）同学们，了解这些工具了吗？那就赶紧下载你喜欢的一种来完成属于自己的电子图文相册吧！

【效果评价】

星级评价方案

评价者	布局 （照片文字安排合理）	照片 （清晰与文字配套）	配文（题目有个性； 事件说清楚；情节吸引人）
自己	☆	☆	☆☆☆
伙伴	☆	☆	☆☆☆
家长	☆	☆	☆☆☆

注：优秀 4~5 颗星，良好 2~3 颗星，合格 1 颗星。

朋友圈集赞

同学们，你的电子图文相册做好了吧！赶紧发到朋友圈与大家分享你的美好经历，看看你能获得几个赞。

真棒！我得到了（　　）赞！

【阅读延伸】

《宝葫芦的秘密》，张天翼，北京师范大学出版社，语文新课标必读丛书，教育部语文新课程标准推荐书目。

《城南旧事》，林海音，北京师范大学出版社，语文新课标必读丛书，教育部语文新课程标准推荐书目。

《胰皂泡》，冰心，北京教育出版社，冰心经典作品选学生读本。

走进童年见闻

同学们，在我们丰富多彩的童年生活中，每天都会看到、听到那么多有意思、有意义、有启发的事情。你有没有想向你的好朋友一吐为快？有没有想向妈妈倾诉心声？有没有想在同学们面前就一件事发表你的见解？如果我们能够把所见、所闻、所想化成文字流淌在笔尖，让更多的人走进我们的童年生活，分享多彩见闻，那一定是一件特别有意义的事情。下面，是一位小作者和三位大作家朋友的多彩见闻，读一读，看看我们能从中学到什么。

【范文欣赏】

范文1

街头见闻[①]

"哎，真热！"我边走在去朋友家的路上，边擦着汗水。当走到万新街路口时，远远就望见一辆自行车倒在路边，自行车上的老人也摔得四脚朝天。

"看啊，有人摔倒了！""这到底是怎么回事啊？""好好的怎么会摔倒呢？""是不是天太热中暑了，还是高血压犯病了？"……路上的人七嘴八舌地讨论着，把老人围成了一个圈。这场景勾起了我的好奇心，我使劲拨开人群，钻了进去，只见一位老爷爷眼睛紧闭，脸色惨白，嘴里不停地发出呻吟声："哎呀，哎呀……"一只手捂着自己的胸口，另一手无力地垂在地上，两脚不停地颤抖着。我心想："老爷爷肯定是犯病了。"

[①] 本文在选入本书时略有改动。

"老人肯定是犯病了,我们快把他扶起来坐一会儿吧。"有人说。于是就出来两个青年男子把老人扶了起来,坐在在路旁的石阶上,又有一个青年男子,匆忙递给老人一瓶矿泉水。

"让一下,让一下,我是卫生站的护士,让我进去看看是怎么回事。"人群突然挤进来一个中等身材,衣着朴素,身上背着一个带红十字的药箱的中年妇女。她快速地蹲在老爷爷旁边,打开药箱子,拿出听诊器,神情严肃地开始把听诊器的圆孔放在老爷爷胸前,认真地听着,过了一会儿,她的表情开始放松,摘下听诊器,说了声:"大家放心吧,老爷爷没事,就是天气太热,有点中暑而已,休息会就没事了。"伴随着护士大姐的话,围观的人神情也开始放松了。有人上前问:"爷爷,你家在哪里?你家有人吗?怎么联系你的家人?"老爷爷慢慢缓过神来一一作答了。不一会儿,只见一位小伙子从人群中急匆匆地挤了进来,说:"爸,你没事吧,这么大热天的,你自己跑出来做什么呢?况且你高血压一直不好。"老爷爷说没事了,并指着大伙向小伙子解释了情况。小伙子听后,转过身对着众人说:"谢谢大伙,你们真是我爸的救命恩人啊,多亏大家热心相助,我爸爸才平安无事。实在不知道应该说什么,只能用谢谢代替我所有的感恩了。"众人听了,都叫年轻人赶紧把老人送回家休息。

渐渐地,接近黄昏了,看着年轻人扶着老人消失在万新街的路口,我心情很舒畅。其实,像老爷爷这样的事情在社会上还很多很多,像这样有爱心的人也有很多很多,这个世界上善良正直、热情助人的人是大多数。我们应该多关注身边的好人好事,做好人好事,让这个世界充满爱、充满力量,让真善美时时刻刻围绕在我们身边。

范文2

垂钓

去年夏天,我与妻子买票参加了一个民间旅行团,从牡丹江出发,到俄罗斯的海参崴游玩。海参崴的主要魅力在于海,我们下榻的旅馆面对海，每天除了在阳台上看海，还要一次次下到海岸的最外沿，静静地看。海参崴的海与别处不同，深灰色的迷雾中透露出巨大的恐怖。我们眯缝着眼睛，把脖子缩进衣领，立即成了大自然凛冽威仪下的可怜虫。其实岂止是我们，连海鸥也只在岸边盘旋，不敢远翔，四五条猎犬在沙滩上对着海浪狂吠，但才吠几声又缩脚逃回。逃回后又回头吠叫，呜呜的风声中永远夹带着这种凄惶的吠叫声，直到深更半夜。

在一个小小的弯角上，我们发现，端坐着一胖一瘦两个垂钓的老人。

胖老人听见脚步声朝我们眨眼算是打了招呼，他回身举起钓竿把他的成果朝我们扬了一扬，原来他的钓绳上挂了六个小小的钓钩，每个钓钩上都是一条小鱼。他把六条小鱼摘下来放进身边的水桶里，然后再次下钩，半分钟不到他又起钩，又是六条挂在上面。就这样，他忙忙碌碌地下钩、起钩，我和妻子走近一看，水桶里已有半桶小鱼。

奇怪的是，只离他两米远的瘦老人却纹丝不动。为什么一条鱼也不上他的钩呢？正纳闷，水波轻轻一动，他缓缓起竿，没有鱼，但一看钓钩却硕大无比，原来他只想钓大鱼。在他眼中，胖老人忙忙碌碌地钓起那一大堆鱼，根本是在糟蹋钓鱼者的取舍标准和堂皇形象。伟大的钓鱼者是安坐着与大海进行谈判的人类代表，而不是在等待对方琐碎的施舍。

胖老人每次起竿都要用眼角瞟一下瘦老人，好像在说："你就这么熬下去吧，伟大的谈判者！"而瘦老人只以泥塑木雕般的安静来回答。

两个都在嘲讽对方，两个谁也不服谁。

过了不久，胖老人起身，提起满满的鱼桶走了，快乐地朝我们扮了一个鬼脸，却连笑声也没有发出，脚步如胜利者凯旋。瘦老人仍在端坐着，夕阳照着他倔强的身躯，他用背影来鄙视同伴的浅薄。暮色苍茫了，我们必须回去，走了一段路回身，看到瘦小的身影还在与大海对峙。此时的海，已经更加狰狞昏暗。狗吠声越来越响，夜晚开始了。

妻子说："我已经明白，为什么一个这么胖，一个这么瘦了。一个更加物质，一个更加精神，人世间的精神总是固执而瘦削的，对吗？"

我说："说得好。但也可以说，一个是喜剧美，一个是悲剧美。他们天天在互相批判，但加在一起才是完整的人类。"

确实，他们谁也离不开谁。没有瘦老人，胖老人的丰收何以证明？没有胖老人，瘦老人的固守有何意义？大海中多的是鱼，谁的丰收都不足挂齿；大海有漫长的历史，谁的固守都是一瞬间。因此，他们的价值都得有对手来证明。可以设想，哪一天，胖老人见不到瘦老人，或瘦老人见不到胖老人，将会何等惶恐。在这个意义上，最大的对手也就是最大的朋友，很难分开。

两位老人身体都很好，我想此时此刻，他们一定还坐在海边，像两座恒久的雕塑，组成我们心中的海参崴。

> 作者：余秋雨，1946年8月23日出生于浙江省宁波市，当代文化学者，理论家、文化史学家、散文家。1966年毕业于上海戏剧学院戏剧文学系。余秋雨以擅写历史文化散文著称，他的散文集《文化苦旅》在出版后广受欢迎。此外，他还著有《山居笔记》《霜冷长河》《千年一叹》等散文作品。

范文3

送考

坐船出门的一天，乡间旱象已成。运河两岸，水车同体操队伍一般排列着，伊哑之声不绝于耳。村中农夫全体出席踏水，已种田而未全枯的当然要出席，已种田而已全枯的也要出席，根本没有种田的也要出席；有的车上，连老太婆，妇人，和十二三岁的孩子也出席。这不是平常的灌溉，这是一种伟观，人与自然奋斗的伟观！我在船窗中听了这种声音，看了这般情景，不胜感动。但那班投考的孩子们对此如同不闻不见，只管埋头在《升学指导》，《初中入学试题汇解》等书中。

乘进火车里，他们又拿出书来看；到了旅馆里他们又拿出书来看；一直看到赴考的前晚。在旅馆里我们又遇到了几个朋友的儿女，他们也是来报考的，于是大家合作起来。赴考这一天，我五点钟就被他们噪醒，就起个早来送他们。许多童男童女各人挟了文具，带了一肚皮"穿山甲欢喜吃蚂蚁"之类的知识，坐黄包车去赴考。有几个十二三岁的女孩愁容满面地上车，好像被押赴刑场似的，看了真有些可怜。

到了晚上，许多孩子活泼泼地回来了。一进房间就凑作一堆讲话：那个题目难，这个题目易，你的答案不错，我的答案错，议论纷纷，沸反盈天。讲了半天，结果有的脸上表示满足，有的脸上表示失望。然而嘴上大家准备不取。男的孩子高声地叫："我横竖不取的！"女的孩子恨恨地说："我取了要死！"

我除了早晚听他们纷纷议论之外，白天统在外面跑，或者访友，或者觅画。有一个学校录取案发表的一天，奇巧轮到我同去看榜。我觉得看榜这一刻工夫心绪太紧张了，不教他们亲自去看；同时我也不愿意代他们去看；便想出一个调剂紧张的方法来：我同一班学生坐在学校附近一所茶店里，教他们的先生一个人去看，看了回到茶店里来报告他们。然而这方法缓和得有限。在先生去了约一刻钟之后，大家眼巴巴地望他回来。有的人伸长了脖子向他的去处张望，有的人跨出门槛去等他。等了好久，那去处就变成了十目所视的地方，凡有来人必牵惹许多小眼睛的注意；其中穿夏布长衫的人，在他们尤加触目惊心，几乎可使他们立起身来。久待不来，那位先生竟无辜地成了他们的冤家对头。有的女学生背地里骂他"死掉了"，有的男学生料他被公共汽车碾死了。但他到底没有死，终于拖了一件夏布长衫，从那去处慢慢地踱回来。"回来了，回来了"，一声叫后，全体肃静，许多眼睛集中在他的嘴唇上，听候发落。这数秒间的空气的紧张，是我这支自来水笔所不能描写的啊！

"谁取的"，"谁不取"，——从先生的嘴唇上判决下来。他的每一句话好像一个霹雳，我几乎想包耳朵。受到这霹雳的人有的脸孔惨白了，有的脸孔通红了，有的茫然若失了，有的手足无措了，有的哭了，但没有笑的人。结果是不取的一半，取的一半。我抽了一口大气，开始想法子来安慰哭的人，我胡乱造出些话来说那学校办得怎样不好，所以不取并不可惜。不期说过之后，哭的人果然笑了，而满足的人似乎有些怀疑了。我在心中暗笑，孩子们的心，原来是这么脆弱的啊！教他们吃这种霹雳，真是残酷！

> 作者：丰子恺（1898—1975年），浙江省嘉兴市人。原名丰润，又名仁、仍，字子颙，后改为子恺，笔名TK，以中西融合画法创作漫画以及散文而著名。丰子恺是现代画家、散文家、美术教育家、音乐教育家、漫画家、书法家和翻译家。本文在选入本书时有删减，选入的段落由"送考、路上、考完归来、等结果、听到结果"五部分构成。

范文4

一件小事

我从乡下跑到京城里，一转眼已经六年了。其间耳闻目睹的所谓国家大事，算起来也很不少；但在我心里，都不留什么痕迹，倘要我寻出这些事的影响来说，便只是增长了我的坏脾气，——老实说，便是教我一天比一天的看不起人。

但有一件小事，却于我有意义，将我从坏脾气里拖开，使我至今忘记不得。

这是民国六年的冬天，大北风刮得正猛，我因为生计关系，不得不一早在路上走。一路几乎遇不见人，好容易才雇定了一辆人力车，教他拉到S门去。不一会，北风小了，路上浮尘早已刮净，剩下一条洁白的大道来，车夫也跑得更快。刚近S门，忽而车把上带着一个人，慢慢地倒了。

跌倒的是一个女人，花白头发，衣服都很破烂。伊从马路上突然向车前横截过来；车夫已经让开道，但伊的破棉背心没有上扣，微风吹着，向外展开，所以终于兜着车把。幸而车夫早有点停步，否则伊定要栽一个大筋斗，跌到头破血出了。

伊伏在地上；车夫便也立住脚。我料定这老女人并没有伤，又没有别人看见，便很怪他多事，要自己惹出是非，也误了我的路。

我便对他说，"没有什么的。走你的罢！"

车夫毫不理会，——或者并没有听到，——却放下车子，扶那老女人慢慢起来，搀着臂膊立定，问伊说：

"你怎么啦？"

"我摔坏了。"

我想，我眼见你慢慢倒地，怎么会摔坏呢？装腔作势罢了，这真可憎恶。车夫多事，也正是自讨苦吃，现在你自己想法去。

车夫听了这老女人的话，却毫不踌躇，仍然搀着伊的臂膊，便一步一步的向前走。我有些诧异，忙看前面，是一所巡警分驻所，大风之后，外面也不见人。这车夫扶着那老女人，便正是向那大门走去。

我这时突然感到一种异样的感觉，觉得他满身灰尘的后影，刹时高大了，而且愈走愈大，须仰视才见。而且他对于我，渐渐的又几乎变成一种威压，甚而至于要榨出皮袍下面藏着的"小"来。

我的活力这时大约有些凝滞了，坐着没有动，也没有想，直到看见分驻所里走出一个巡警，才下了车。

巡警走近我说，"你自己雇车罢，他不能拉你了。"

我没有思索的从外套袋里抓出一大把铜元，交给巡警，说，"请你给他……"

风全住了，路上还很静。我走着，一面想，几乎怕敢想到自己。以前的事姑且搁起，这一大把铜元又是什么意思？奖他么？我还能裁判车夫么？我不能回答自己。

这事到了现在，还是时时记起。我因此也时时煞了苦痛，努力的要想到我自己。几年来的文治武力，在我早如幼小时候所读过的"子曰诗云"一般，背不上半句了。独有这一件小事，却总是浮在我眼前，有时反更分明，教我惭愧，催我自新，并且增长我的勇气和希望。

> 作者：鲁迅（1881—1936年），原名周樟寿，后改名周树人，字豫山，后改豫才，"鲁迅"是他1918年发表《狂人日记》时所用的笔名，也是他影响最为广泛的笔名，浙江绍兴人。著名文学家、思想家，五四新文化运动的重要参与者，中国现代文学的奠基人。代表作品《呐喊》《彷徨》《朝花夕拾》《野草》《华盖集》《中国小说史略》。

【范文解读】

《街头见闻》赏析

《街头见闻》一文写的是小作者在街头看到的事情：一位老爷爷摔倒了，路人纷纷帮助他，最后老爷爷平安无事。这篇文章内容具体，题材真实，叙事完整。加入了小作者自己的感受让文章更加有血有肉，真实可信。阅读时，请重点关注小作者在哪些方面加入了细节描写。

《垂钓》赏析

余秋雨先生的《垂钓》一文写的是：在海参崴游玩，作者见到了一胖一瘦两个垂钓老人。胖老人的钓绳上有六个小小的钓钩，每次举起钓钩，每一个钩上都有一条小鱼，他忙忙碌碌的，举起又放下，我们看时，水桶里早已有半桶小鱼。不一会儿，便满载而归。而瘦老人的钓钩硕大无比，他一心只想钓大鱼。瘦老人认为胖老人"根本是在糟蹋钓鱼者的取舍标准和堂皇形象"。胖老人在凯旋之时，他仍然端坐在那里。作者借助这件事阐发自己的感悟：万事万物都是对立统一的。两位垂钓者，实际上代表了两种人生追求：一个是物质的，知足常乐；另一个是精神的，永不满足。

《送考》 赏析

《送考》是丰子恺先生描绘20世纪30年代考试众生相的一篇叙事文章，此文对学生在考试前后的不同神态和心态都做了分析性的叙述，细致而形象的刻画，表现了少男少女的天真、活泼和机灵，又表现了他们在考试的重压下的焦虑和期盼，延续着作者朴实、率真、细腻、生动的文笔，表达了作者对孩子的同情，揭示了这种考试的弊端。

《一件小事》 赏析

鲁迅先生的《一件小事》主要讲述了这样一个故事：民国六年冬天，"我"因生计关系出门，雇了一辆人力车。在路上，人力车的车把碰倒了一位衣衫破烂的老妇人。"我"不以为然，认为她并没有受伤，于是，挥挥手让车夫快走，但他却完全不理会"我"，而是跑过去搀扶起老妇人，并问她伤势如何，再把她送到警署去做检查。当时，"我"看着车夫的背影，心里觉得他不再低微，而是变得伟大起来，而"我"觉得自己又是那样的渺小，心里的愧疚感便油然而生。后来，巡警叫"我"自己再雇车，"我"托他将车费交给那名车夫。

阅读时，请重点关注鲁迅先生是怎样把自己的心路历程融入见闻之中的。

【范文引路】

同学们，"予人玫瑰，手有余香"，"分享"是一件特别快乐的事情：小时候，分享零食，让我们收获友谊；上学后，分享文具，让我们互帮互助；……是呀，正如那句话说的一样："你有一个苹果，我有一个苹果，我们彼此交换，每人还是一个苹果；你有一种思想，我有一种思想，我们彼此交换，每人可拥有两种思想！"把我们多彩童年的所见、所闻、所想记录下来，就可以随时和小伙伴儿、亲朋好友、爸爸妈妈分享你的见闻，分享快乐、分享感悟、分享智慧，这也是你童年生活中美好的回忆！

| 走进童年见闻 |

做一做

同学们，如果有一本"多彩童年"见闻册，可以记录你的童年生活，分享你的所见所闻，讲述你的所思所感，该多么有意义！这次习作实践活动，就让我们一起制作这样一本"多彩童年"见闻册吧！

哪里有"见闻"呢？

我们的校园时常发生着有意义的、有趣的事：朝气蓬勃、丰富多彩的学习生活，同学之间的浓厚情谊；课余时间，还有很多精彩的活动呢！

每个人都有自己的家庭，每天，家庭中，也能看到、听到很多有意思的事情。

同学们，其实，当我们走出家门，来到社区、超市、街头、医院……在社会的万花筒里，我们也能看到、听到很多有意思的事情。

下面，请你走出去，拥抱自然、观察社会，寻找你的"多彩见闻"吧！

找到了吧？现在，请你用思维导图的形式按照时间、地点、人物、起因、经过、结果把见闻记录下来。

说一说

向别人介绍自己的多彩见闻，首先需要说清楚。

怎么样才算是说清楚呢？

一件事总是发生在一定的时间、地点，总是要涉及一些人物、事情的发生、发展过程，总是要有起因、经过、结果这三个阶段。这就需要我们把事情叙述完整。

《街头见闻》就是这样！时间：一天。地点：街头。人物：老爷爷、路人。起因：我看见一位老爷爷摔倒在路上。经过：路人纷纷救助。结果：老爷爷平安无事。

对呀，另外三篇文章也是这样的！

所以，叙述见闻要把刚才思维导图中的叙事的六要素说清楚——完整叙述。

见闻是自己亲眼所见或亲身经历、直接参与的，而不是道听途说的（因为道听途说的事情，是很难把经过写具体的），这是把经过写具体的前提条件。在此基础上，还要注意要把"经过"部分分成几步，按照一定的顺序来写。事情的经过，绝不是"一团乱麻"的，总是有先后顺序的，总是要随着时间的推移或地点的变换而发展变化的。这就需要依据"经过"的先后顺序和发展变化的过程，认真地想一想：这件事的"经过"部分大体可以分为哪几个阶段？每个阶段主要又都做了什么？先做的是什么？后做的是什么？然后，再按照这几个"阶段"的先后顺序，一步一步、一层一层地写。这样，既做到了有条理，又为把"经过"写具体打下了基础——有序叙述。

那么，事情已经很完整了，怎样让自己分享的见闻吸引人呢？

秘诀一：经过——引人入胜。同学们平时可能有这种感觉，一位老师如果抑扬顿挫地讲课，同时附有绘声绘色的讲解，大家就会听得有滋有味；反之，就会使学生无精打采，个个都很沉闷。分享见闻也是如此，大家都喜爱武侠小说和侦探推理小说。究其原因，是因为这些小说充满悬念，人物错综复杂，情节曲折多变，结尾完全出乎意料……

我们在记叙述事件的时候，也应该像讲故事一样，既要抑扬顿挫，又要一波三折，这样才能引人入胜。比如《街头见闻》，简简单单的"救人"的情节，却写得一波三折，路人救人的方法不同，引人入胜。

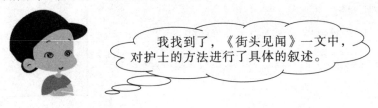

我找到了，《街头见闻》一文中，对护士的方法进行了具体的叙述。

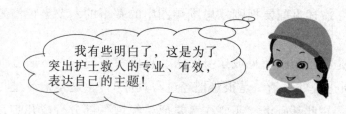

秘诀二：细节——突出主题。一篇文章，恰到好处地运用细节描写，能起到烘托环境气氛、刻画人物性格和揭示主题思想的作用。运用细节描写，要为表现人物性格、发展故事情节以及直接、间接揭示作品意义或主题思想服务。

现在，让我们用思维导图的形式来整理一下这四篇文章的细节吧！你也来填一填吧！

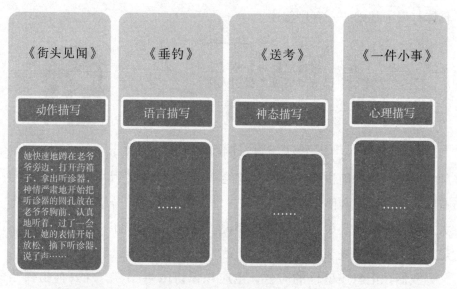

动作描写法宝——巧分解。同学们写人物的动作往往过于简单，缺少细节，只写最后一个表示结果的动作。我们试一试：要把一个动作分解为一组动作：

首先"放映"电影啦！——对所描写的细节要反复回忆、思考：这个细节共做了几个动作？每一个动作应怎样去描写？如同看电影一样在大脑中"看"一遍。

然后把动作"解剖"！——把每一个动作分解开来，在描写时应注意用词恰当、情感真实。对每一个动作的描写要"细"。例如，每一个动作都需要哪些身体部位参与？这些身体部位的位置、形状、颜色、动作、变化等各是什么？可以由哪些动词来构造？

最后把动作"拼装"！——即将上面分解的每一个动作细节连接起来，这就形成一个人物的细节描写。

语言描写法宝——抓特点。"言为心声"，不同思想、不同经历、不同地位、不同性格的人，其语言也是不同的。所以，语言要能显示人物的身份、职业、地位、经历。

语言描写要能够表现人物的思想感情，反映人物的心理活动。鲁迅先生在《一件小事》中的语言很好地反映了人物的思想感情和"我"的心理活动。

"没有什么的。走你的罢!" ⇨ 冷漠
"你怎么啦?" ⇨ 简短、关切而坚定
"我摔坏了。"
"请你给他……" ⇨ 惭愧、自省

分享见闻的目的是为了表达自己的所思、所感、所悟。怎样表达呢?

感情要明确

这四篇文章所表达的感情都让人一目了然。

对啊!让我们一下子就能读懂作者的所感、所悟。

形式要多样

这些文章的感情和感受都放在了什么位置,为什么?

《街头见闻》《垂钓》是先写事情,再写自己的感悟。为什么呢?

我知道了,这是因为感悟是经过事情得出来的,自然是应该先写事情,再写感受。

| 走进童年见闻 |

像这样,我们再来整理一下。

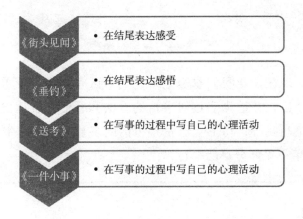

同学们,我们在写自己的见闻时,可以向《街头见闻》《垂钓》那样,先写事情,再写自己的感悟和体会;也可以像《送考》《一件小事》那样,边写事边用自己的心理变化表达自己的感情。

写一写

现在,你也来制作一张自己见闻的思维导图吧!

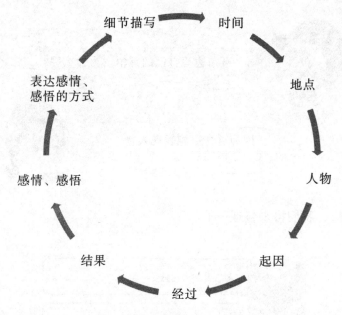

同学们，现在，让我们拿起笔来，试一试有条理、有重点地把生活中的见闻写清楚，并适当表达对事情的看法和感受，表达出自己的真情实感。用我笔写我心，写下自己童年生活的多彩见闻，来制作属于自己的"多彩童年"见闻分享册吧！

【效果评价】

星级评价方案

评价者	能够将自己的所见所闻初步叙述清楚，初步表达感受或者情感	能够将自己的所见所闻叙述清楚，表达感受或者情感	能够将自己的所见所闻叙述清楚，表达感受或者情感，引起共鸣
自己	☆	☆☆	☆☆☆☆
伙伴	☆	☆☆	☆☆☆☆
家长	☆	☆☆	☆☆☆☆

注：优秀 4～5 颗星，良好 2～3 颗星，合格 1 颗星。

【阅读延伸】

《散步》，莫怀戚，人民教育出版社《七年级·语文·上册》第二单元第六课。

《拥你入睡》，肖复兴，作家出版社。

《俗世奇人》，冯骥才，作家出版社。

品味自然美景

自然之美，美在鬼斧神工，自然天成。自然之奇，奇在状之奇绝，独具风韵。许多景观都让我们感受到大自然的无穷魅力。这种美藏于文字中，形成于想象中。通过阅读，我们能够领略祖国山河的不同特点，感受四季转换带给景物的独特变化，从而更加热爱美丽的祖国，热爱美丽的大自然。

【范文欣赏】

范文1

济南的冬天

对于一个在北平住惯的人，像我，冬天要是不刮风，便觉得是奇迹；济南的冬天是没有风声的。对于一个刚由伦敦回来的人，像我，冬天要能看得见日光，便觉得是怪事；济南的冬天是响晴的。自然，在热带的地方，日光是永远那么毒，响亮的天气，反有点叫人害怕。可是，在北中国的冬天，而能有温晴的天气，济南真得算个宝地。

设若单单是有阳光，那也算不了出奇。请闭上眼睛想：一个老城，有山有水，全在天底下晒着阳光，暖和安适地睡着，只等春风来把它们唤醒，这是不是个理想的境界？小山整把济南围了个圈儿，只有北边缺着点口儿。这一圈小山在冬天特别可爱，好像是把济南放在一个小摇篮里，它们安静不动地低声地说："你们放心吧，这儿准保暖和。"真的，济南的人们在冬天是面上含笑的。他们一看那些小山，心中便觉得有了着落，有了依靠。他们由天上看到山上，便不知不觉地想起："明天也许就是春天了吧？这样的温暖，今天夜里山草也许就绿起来了吧？"就是这点幻想不能一时实现，他们也并不着急，因为这样慈善的冬天，干啥还希望别的呢！

最妙的是下点小雪呀。看吧，山上的矮松越发的青黑，树尖上顶着一髻儿白花，好像日本看护妇。山尖全白了，给蓝天镶上一道银边。山坡上，有的地方雪厚点，有的地方草色还露着，这样，一道儿白，一道儿暗黄，给山们穿上一件带水纹的花衣；看着看着，这件花衣好像被风儿吹动，叫你希望看见一点更美的山的肌肤。等到快日落的时候，微黄的阳光斜射在山腰上，那点薄雪好像忽然害了羞，微微露出点粉色。就是下小雪吧，济南是受不住大雪的，那些小山太秀气！

古老的济南，城里那么狭窄，城外又那么宽敞，山坡上卧着些小村庄，小村庄的房顶上卧着点雪，对，这是张小水墨画，也许是唐代的名手画的吧。

那水呢，不但不结冰，倒反在绿萍上冒着点热气，水藻真绿，把终年贮蓄的绿色全拿出来了。天儿越晴，水藻越绿，就凭这些绿的精神，水也不忍得冻上，况且那些长枝的垂柳还要在水里照个影儿呢！看吧，由澄清的河水慢慢往上看吧，空中，半空中，天上，自上而下全是那么清亮，那么蓝汪汪的，整个的是块空灵的蓝水晶。这块水晶里，包着红屋顶，黄草山，像地毯上的小团花的灰色树影。这就是冬天的济南。

作者：老舍（1899—1966年），现代作家、戏剧家，原名舒庆春，字舍予，满族，北京人。作品有长篇小说《猫城记》《离婚》《骆驼祥子》《四世同堂》《正红旗下》，中篇小说《微神》《月牙儿》《我这一辈子》，话剧《龙须沟》《茶馆》等。

范文2

海上日出

为了看日出，我常常早起。那时天还没有大亮，周围很静，只听见船里机器的声音。

天空还是一片浅蓝，很浅很浅的。转眼间，天水相接的地方出现了一道红霞。红霞的范围慢慢扩大，越来越亮。我知道太阳就要从天边升起来了，便目不转睛地望着那里。

果然，过了一会儿，那里出现了太阳的小半边脸，红是红得很，却没有亮光。太阳像负着什么重担似的，慢慢儿，一纵一纵地，使劲儿向上升。到了最后，它终于冲破了云霞，完全跳出了海面，颜色真红得可爱。一刹那间，这深红的圆东西发出夺目的亮光，射得人眼睛发痛。它旁边的云也突然有了光彩。

有时太阳躲进云里。阳光透过云缝直射到水面上，很难分辨出哪里是水，哪里是天，只看见一片灿烂的亮光。

有时候天边有黑云，而且云片很厚，太阳升起来，人就不能够看见。然而太阳在黑云背后放射它的光芒，给黑云镶了一道光亮的金边。后来，太阳慢慢透出重围，出现在天空，把一片片云染成了紫色或者红色。这时候，不仅是太阳、云和海水，连我自己也成了光亮的了。

这不是伟大的奇观么？

> 作者：巴金，原名李尧棠，现代作家、出版家、翻译家。代表作：长篇小说《家》《春》《秋》。

范文3

雪峰·溪流·森林

七月间，新疆的戈壁滩炎暑逼人，这时最理想的是骑马上天山。新疆北部的伊犁和南部的焉耆都出产良马，不论伊犁的哈萨克马或者焉耆的蒙古马，骑上它爬山就像走平川，又快又稳。

进入天山，戈壁滩上的炎暑就远远地被撇在后边，迎面送来的雪山寒气，立刻会使你感到像秋天似的凉爽。蓝天衬着高矗的巨大的雪峰，在太阳下，几块白云在雪峰间投下云影，就像白缎上绣上了几朵银灰的暗花。那融化的雪水，从高悬的山涧、从峭壁断崖上飞泻下来，像千百条闪耀的银链。这飞泻下来的雪水，在山脚汇成冲激的溪流，浪花往上抛，形成千万朵盛开的白莲。可是每到水势缓慢的洄水涡，却有鱼儿在跳跃。当这个时候，饮马溪边，你坐在马鞍上，就可以俯视那阳光透射到的清澈的水底，在五彩斑斓的水石间，鱼群闪闪的鳞光映着雪水清流，给寂静的天山添上了无限生机。

再往里走，天山越来显得越优美，沿着白皑皑群峰的雪线以下，是蜿蜒无尽的翠绿的原始森林，密密的塔松像撑天的巨伞，重重叠叠的枝丫，只漏下斑斑点点细碎的日影，骑马穿行林中，只听见马蹄溅起漫流在岩石上的水声，增添了密林的幽静。在这林海深处，连鸟雀也少飞来，只偶然能听到远处的几声鸟鸣。这时，如果你下马坐在一块岩石上休息，虽然林外是阳光灿烂，而遮去了天日的密林中却闪耀着你烟头的红火光。从偶然发现的一棵两棵烧焦的枯树看来，这里也许来过辛勤的猎人，在午夜中他们生火宿过营，烤过猎获的野味。这天山上有的是成群的野羊、草鹿、野牛和野骆驼。

如果说进到天山这里还像是秋天，那么再往里走就像是春天了。山色逐渐变得柔嫩，山形也逐渐变得柔和，很有一伸手就可以触摸到嫩脂似的感觉。这里溪流缓慢，萦绕着每一个山脚，在轻轻荡漾着的溪流两岸，满是高过马头的野花，红、黄、蓝、白、紫，五彩缤纷，像织不完的织锦那么绵延，像天边的彩霞那么耀眼，像高空的长虹那么绚烂。这密密层层成丈高的野花，朵儿赛八寸的玛瑙盘，瓣儿赛巴掌大。马走在花海中，显得格外矫健，人浮在花海上，也显得格外精神。在马上你用不着离鞍，只要稍为伸手就可以满怀捧到你最心爱的大鲜花。

虽然天山这时并不是春天，但是有哪一个春天的花园能比得过这时天山的无边繁花呢?

> 作者：碧野（1916—2008年），原名黄潮洋，广东大埔人，主要作品有《我们的力量是无敌的》《丹凤朝阳》《天山景物记》。本文选自《天山景物记》。

【范文解读】

《济南的冬天》 赏析

　　《济南的冬天》表现了作者对济南特有的冬景的喜爱和赞美。通过对济南冬天场景的描述，充分体现了作者对济南的冬天的喜爱之情，对济南这座城市的热爱之情，以及作者热爱大自然、热爱生活、热爱生命的生活情操。

　　在《济南的冬天》一文中，修辞方法的运用不仅数量多，而且质量高，质与量达到完美的统一。大量比喻的运用，让所描绘的景物更加生动传神，进而唤起读者的亲身体验，使其产生身临其境之感。作者巧妙地运用拟人的修辞手法，细致地描摹了景物的姿态及特点。

　　描绘济南的大地，老舍先生所用的正是"以大观小"的中国山水画的构图取景方法。作者展开想象的翅膀飞上济南的云天俯瞰大地，然后对济南大地作了简笔的写意描绘。画城，不画它的东西南北，"一个老城，有山有水，全在天底下晒着阳光，暖和安适地睡着，只等春风来把它们唤醒"（注：此句中的山是济南城中的山）。一些琐碎的细部都被略去了，画的只是冬天济南城秀美的睡态，留下充分的余地让读者去联想、想象。画山，不画它的上下左右，"小山整把济南围了个圈儿，只有北边缺着点口儿"。一起笔就抓住了景物的主要特征，紧接着就引导读者展开艺术的联想和想象："这一圈小山在冬天特别可爱，好像是把济南放在一个小摇篮里。"借联想、想象，使画面活灵飞动起来。画人，不画人中男女老少，不但如国画一样略去耳鼻眉目，连形体也完全略去，而只画了济南冬天人物情态的最主要的特征："济南的人们在冬天是面上含笑的。"和城与山，浑然构成一幅完美的图画。

在写景中，作者紧紧抓住景物的主要特征来写，色彩和谐。第二段主要写的是济南全景，第三、四段主要写的是济南的山色，第五段主要写的是济南的水上景色。全文就是由这几幅互相联系而又相对独立的画图组成的长轴，给人以和谐一致的美感。描写中景物的层次，安排得当，使眼前景物纷至沓来，而又井然有序。文章首先让读者鸟瞰全城，得其全貌（第二段），然后再让读者饱览那一城山色，雪后斜阳（第三、四段），最后才把读者领到那垂柳岸边，领略那"水不但不结冰，反倒在绿萍上冒着点热气"，而水藻越晴越绿的水上景色（第五段）。由大到小地写来，从山到水地写去，层次分明，脉络清晰。

《海上日出》 赏析

1927年2月，巴金从上海踏上英国邮船"昂热号"，去伦敦留学。他将沿途的见闻写成《海行杂记》一书，于1932年出版。《海上日出》便是其中的一篇。文章分别描写了天气晴好、白云飘浮和薄云蔽日三种不同自然条件下的海上日出奇观，文字简洁，写得传神。

"我常常早起"，由此可以想见作者曾多次早起看日出的热切心情。开门见山点题，干净利落。"那时天还没大亮"，点明看日出的时间，照应"早起"。"周围很静，只听见船里机器的声音"。用"声音"反衬看日出时色彩纯净、气氛清幽的"静"的环境，还有交代具体地点的作用。第一段点明作者多次在海上观察日出景象的一般背景：时间、地点、气氛。

天空还是一片浅蓝，天气晴好，碧空如洗。从"浅蓝"到"红霞"到"红得很"写太阳即将跃出海面时光的变化，观察仔细。"太阳像负着什么重担似的"，仍是运用了拟人的修辞手法，形容太阳升起之际慢慢儿，"一纵一纵地，使劲儿向上升"。到了最后，它终于冲破了云霞，完全跳出了海面，写太阳"喷薄而出"的过程，给人以庄重、艰辛而壮观的印象。一个"冲"字，一个"跳"字，生动地写出了太阳顽强的生命力和势不可当的威力，作者笔下的红日出海图是这么壮观。另外太阳的形状也在随之变化，由"一道红霞"到"小半边脸"再到"圆"。它旁边的云也突然有了光彩。由于云层厚薄不等，对阳光的折射不同，而呈现不同色彩，但都以红、黄为主，因而色彩艳丽，"光彩"照人。这一段写得细致而完整，着重描绘了太阳由将出、半升到全都升起时的形状、色彩、动态和光华的变化，层次分明，刻画细腻。

后面两个自然段，分别写出了太阳躲进云里和天边有黑云的两种情况。这个时候都看不到太阳的面貌，作者通过太阳的光来展现日出时壮美的景色。躲进云里，阳光直射水面，水天相接；躲进黑云中，用光芒给黑云镶上金边。这样读者虽然未见到太阳，但依然能够感受到日出时的瑰丽壮美的景色。作者观察细致，用词准确，充分展现了海上日出的奇景。

《雪峰·溪流·森林》赏析

《雪峰·溪流·森林》选自碧野的《天山景物记》，是一篇脍炙人口的写景状物的散文。作者的笔触深入天山景物的各个方面：巨大的雪峰，冲激的溪流，蜿蜒无尽的翠绿的原始森林。对这些景物的描写又是十分逼真的，把握住了它们的特点，因而写景富有地方色彩，惟妙惟肖。

雪峰、白云、太阳、峭壁断崖、冲激溪流，给人一种粗犷巨大的崇高美；柔嫩的山色，柔和的山形，缓慢的溪流，华丽耀眼绚烂的野花，给人一种春光无限的优美。两种美互相联系、互相映照，美到读者心里。文中恰当的比喻使写景富于形象性，如雪水—银链、浪花—白莲、塔松—巨伞。这样的描写，让文中的景物如在眼前，引发读者的想象，凸显作者的喜爱之情。

写景文章往往特重视观察点，作者"陪你进天山"，且是"骑马上天山"，这确是明告读者观察点。观察点的变化，让所描写的事物有了各自不同的特点。有时在马上、地上、近处，有时则在山上、空中、远处。这样针对不同事物，选取了不同的观察点，使得所描写的事物特点更加突出，更能展现所描写事物的独特的美，让人看到了精彩纷呈的天山"特"景。

【范文引路】

　　祖国山河无限美,春夏秋冬各不同。当我们走出家门,去欣赏祖国的名山大川、奇丽景色的时候,总是喜欢和瑰丽的自然奇观拍照合影。快把这些照片找出来,把它们汇集成册,就成了我们的游记照片集。每每把这样的集子拿出来自己回味或者和别人分享的时候,相信你依然还会被其中的美景所陶醉。

做一做

　　同学们,如果你的相册中还没有让你心仪的美景照片,那就赶快走出家门,去发现祖国美丽的自然奇观吧。

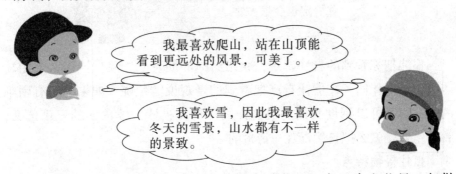

我最喜欢爬山,站在山顶能看到更远处的风景,可美了。

我喜欢雪,因此我最喜欢冬天的雪景,山水都有不一样的景致。

　　你喜欢哪里的景色呢?你又喜欢哪个季节呢?自己先和父母一起做个计划,在不同的季节,去游览祖国的山川、河流、森林、草地……去寻找祖国的自然奇观吧!

寻找自然奇观的计划

季节	游览地点	代表性的景观	查阅攻略资料
春			
夏			
秋			
冬			

别忘了，在游览的时候积累自然奇观的照片，在照片背后写下游览的时间、地点，并给所拍照片起个好听的名字。

说一说

哇，你选的照片真美！你能给我说说那里的景色吗？

好呀，我想我说完了，你一定也会想去的。

你能把你看到的自然奇观，介绍给你的朋友吗？我们该怎么介绍才能吸引小伙伴们，才能让自己把看到的奇观说清楚呢？如果你还有困难的话，阅读可以帮助我们解决这样的问题。去读一读前面的三篇选文，看看作者是怎么把自然奇观写清楚的。

抓住景物特点

《济南的冬天》这篇文章，描写了济南冬天的美景，雪后的美景尤其动人。同学们请你阅读《济南的冬天》，文章中一定有很多让你喜欢的句子，把它们摘抄下来，说说自己喜欢的理由。

我喜欢描写山的句子，真有意思。

我喜欢描写雪后济南的句子，作者用到了比喻，形象生动。

我喜欢的句子：

喜欢的理由：

同学们真不错，找到了自己喜欢的句子，写出了喜欢的理由，快和小朋友一起分享吧。

在读文章的时候，哪一个自然段更吸引你？是济南的山、济南的雪还是济南的水？找一个自己最感兴趣的自然段，认真读一读，看看写出了景物的什么特点。

《济南的冬天》

所写景物	写出了景色哪些特点	从哪些句子感受到的

济南的山真可爱！

我更喜欢济南雪后的秀美。

同学们真棒,作者老舍正是抓住了景物最突出的特点进行描写,才让济南冬天的美景走进了我们的内心,看来抓住自然奇观中最突出的特点就能让景色深入读者的内心。你见过的自然奇观,它们的特点是什么?用一两个词语概括一下。

对景物展开描写

怎么才能把景物的特点说清楚呢?《海上日出》这篇文章中藏着好方法,我们快来读读吧。

《海上日出》的哪些景色给你留下了深刻的印象?

请同学们默读文章《海上日出》的3~5自然段,作者写了海上几种不同情况下的日出?你更喜欢哪一种日出?

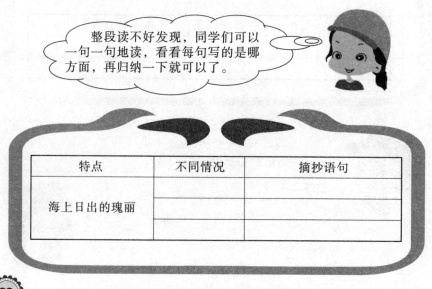

特点	不同情况	摘抄语句
海上日出的瑰丽		

同学们，把你的发现交流交流吧。作者写出了晴天、有薄云和天边有黑云三种不同情况的日出，把海上日出的奇景充分展现在读者面前。

我们也可以仿照这样的写法，把我们看到的自然奇观说一说。刚才我们用一个词概括出了我们看到的自然奇观的特点，现在我们就来仿照这样的写法，把我们看到的景色说清楚。作者巴金选择的是不同的情况来介绍的，我们也可以通过不同的角度、不同的时间、不同的感官观察等多种方法来说自己照片中的自然奇观。

看我照片中的山，从正面和从侧面看的样子是不一样的。

我照片中的这个湖，早晨去的时候一个样，中午的时候就是另一个样子。我更喜欢中午的湖。

合理建构段落

同学们学会了抓住特点、运用描写方法之后，快来和自己的小伙伴一起说说你看到的自然奇观吧！

我说的内容感觉很乱，总有东一句西一句的感觉，怎么把这些句子连成一个整体呢？

我也觉得不像我们学过的文章那样有条理。还是上文章中去找找好办法吧。

我们来读读第三篇选文《雪峰·溪流·森林》,看看能不能从中学习一些方法,让我们的表达更加精彩。

这篇文章写了那些美丽奇景呢?请同学们默读文章,把你感受到的自然奇观记录下来。

景物	给你印象深的语句	特点

同学们能从文章的语句中,归纳出不同景物的特点,真棒。请同学们认真阅读雪峰这一段落,看看这一段都描写了哪些景物?按顺序填写在下面的表格中,你一定会发现作者是怎么安排结构的。

我发现,这段话写得真好,描写的内容有层次。

我也发现这个特点了,而且,我发现有顺序的描写可以让描写的内容层次更清晰。

景物	我发现的安排材料的顺序
蓝天	
小鱼	

我发现，这段话是从远到近的顺序写的。

对，而且还是从上到下的顺序。

看，像这样安排所讲内容的时候，我们的表达就更加严谨，描述就更加清楚，让别人就能听明白了。其实在我们的语文课文中，还学过先概括后具体的结构，先概括写出景色特点，再具体叙述。我们也能把看到的奇观描述清楚。

我们学习到了这里，你解决了自己表达上的问题了吗？让我们再次拿出自己所拍的自然景观，把内容说得更加精彩。

写一写

请同学们先把自己的照片贴在这里吧。后面为这幅照片写一个景色介绍，让更多看到这幅照片的人能够了解那里的景色。

　　同学们可以多做几张这样的照片介绍,制作成游记照片集。请同学们把自己制作的游记照片集拿来和同学们分享。同学之间可以互相补充,完善自己的游记照片集。

【效果评价】

　　同学们，自己写好照片介绍，也通过召开分享会和同学一起分享了，并且修改完善了自己的游记照片集。在整个实践活动中，你做得怎么样呢？快找来小伙伴和父母，让他们跟自己一起为这次实践活动做一个星级评价吧。五颗星你能得几颗？

星级评价方案

评价者	能够积极参加此次实践活动，在活动中认真完成各项实践任务	学习作者的描写方法，展现景物特点，感悟作者有序的表达	对自己的照片进行描述，语言通顺连贯，特点突出
自己	☆☆☆☆☆	☆☆☆☆☆	☆☆☆☆☆
伙伴	☆☆☆☆☆	☆☆☆☆☆	☆☆☆☆☆
家长	☆☆☆☆☆	☆☆☆☆☆	☆☆☆☆☆

注：优秀 4~5 颗星，良好 2~3 颗星，合格 1 颗星。

【阅读延伸】

　　《雅鲁藏布大峡谷》，杨逸畴，人民教育出版社小学语文四年级上册第二课。

　　《美丽的南沙群岛》，江苏教育出版社小学语文第六册。

　　《丁香结》，宗璞，长江文艺出版社。

欣赏魅力人文

每一处人文美景，总有人的身影闪现其间：历史古迹承载一段风雨，园林建筑凝聚一份匠心，壁画石窟传承一脉信仰，民俗风情见证一处文化，雕塑造型体现一种审美，无一不美，无一不魅力尽现。这多样的魅力，引无数人驻足、留影、鉴赏、描摹，乃至用笔尖记录，只为将美留存心中。而对于近至身旁、远至天边的美景，我们一路走过，不如也借双眼"拍"特点，借想象来"润色"，借汉字成文。

【范文欣赏】

范文1

秦兵马俑[①]

秦兵马俑在我国西安的临潼出土，它举世无双，是享誉世界的珍贵历史文物。

兵马俑规模宏大。已发掘的三个俑坑，总面积近20 000平方米，差不多有五十个篮球场那么大，坑内有兵马俑近八千个。在三个俑坑中，一号坑最大，东西长230米，南北宽62米，总面积有14 260平方米；坑里的兵马俑也最多，有六千多个。一号坑上面，现在已经盖起了一座巨大的拱形大厅。走进大厅，站在高处鸟瞰，坑里的兵马俑一行行，一列列，十分整齐，排成了一个巨大的长方形军阵，真像是秦始皇当年统率的一支南征北战、所向披靡的大军。

兵马俑不仅规模宏大，而且类型众多，个性鲜明。

---

① 本文在选入本书时略有改动。

将军俑身材魁梧，头戴鹖冠，身披铠甲，手握宝剑，昂首挺胸。那神态自若的样子，一看就知道久经沙场，重任在肩。

武士俑平均身高约1.8米，体格健壮，体形匀称。它们身穿战袍，披挂铠甲，脚蹬前端向上翘起的战靴，手持兵器，整装待发。

骑兵俑上身着短甲，下身着紧口裤，足蹬长靴，右手执缰绳，左手持弓箭，好像随时准备上马冲杀。

马俑与真马一般大小，一匹匹形体健壮，肌肉丰满。那跃跃欲试的样子，好像一声令下，就会撒开四蹄，腾空而起，踏上征程。

每个兵马俑都是极为精美的艺术珍品。仔细端详，它们神态各异：有的颔首低眉，若有所思，好像在考虑如何相互配合，战胜敌人；有的目光炯炯，神态庄重，好像在暗下决心，誓为秦国统一天下作殊死搏斗；有的紧握双拳，好像在听候号角，待命出征；有的凝视远方，好像在思念家乡的亲人……走近它们的身旁，似乎能感受到轻微的呼吸声。

秦兵马俑，在古今中外的雕塑史上是绝无仅有的。它惟妙惟肖地模拟军阵的排列，生动地再现了秦军雄兵百万、战车千乘的宏伟气势，形象地展示了中华民族的强大力量和英雄气概。

范文2

难忘的两座桥——宽敞美丽的十七孔桥（节选）

到了颐和园，门口是两尊石狮子，雕刻的坐姿别提多美了。进了门就看见昆明湖的大湖面，向右看，是万寿山。我们总是先向左转，经过耶律楚材墓，向前走，就是铜牛。越过造型优美的十七孔桥，连接了昆明湖和万寿山，我只熟悉万寿山上高高的排云殿，一步一步向上走去，许多这个殿、那个阁的，我可就背不出来了。

从万寿山朝广大的昆明湖望下去，十七孔桥历历在目。她是多么美啊！无论日出、日落，十七孔桥总是在晨曦的阳光中或月色朦胧中，安安稳稳地架在湖面上。她连接了湖与岸，游客走上排云殿，不免停驻阶梯上，回头望湖面，那白玉石栏杆的十七孔桥，像一道彩虹，跨在庙、亭之间。

如果你漫步在桥上,从桥栏向湖水望去,碧波荡漾中是天光云影。这十七孔桥,桥长一百五十公尺,宽八公尺,共有十七个桥洞,桥栏杆上雕有石狮五百多只,不同的姿态,造型非常美,无论大人小孩游客,都不由得要伸手去勾一勾、摸一摸。

……

如今,十七孔桥,以及占地二百九十公顷的皇家园林,几百年下来,还是那么美丽的存在着。如果去北京旅行,可别忘了到颐和园走游一天,别忘记走一走我的十七孔桥,数一数桥栏杆上的石雕狮子啊!

> 作者:林海音(1918—2001年),原名林含英,著名作家。作品有《城南旧事》《晓云》《春风》《绿藻与咸蛋》《烛芯》等。

范文3

故宫博物院(节选)

在北京的中心,有一座城中之城,这就是紫禁城。现在人们叫它故宫,也叫故宫博物院。这是明清两代的皇宫,是我国现存的最大最完整的古代宫殿建筑群,有五百多年历史了。

紫禁城的城墙十米多高,有四座城门。宫城呈长方形,占地72万平方米,有大小宫殿七十多座、房屋九千多间。城墙外是五十多米宽的护城河。城墙的四角上,各有一座玲珑奇巧的角楼。故宫建筑群规模宏大壮丽,建筑精美,布局统一,集中体现了我国古代建筑艺术的独特风格。

从天安门往里走,沿着一条笔直的大道来到午门前面,这也是紫禁城的正门。走进午门,是一个宽广的庭院,弯弯的金水河像一条玉带横贯东西,河上是五座精美的汉白玉石桥。桥的北面是太和门,一对威武的铜狮守卫在门的两侧。

进了太和门，就到紫禁城的中心——三大殿：太和殿、中和殿、保和殿。三座大殿矗立在七米多高的白石台基上。

其中全故宫最大的太和殿高 28 米，面积 2 380 多平方米，是举行重大典礼的地方。在湛蓝的天空下，那金黄色的琉璃瓦屋顶，显得格外辉煌。正面有 12 根红色大圆柱，同台基相互衬映，色彩鲜明，雄伟壮丽。

大殿正中是一个约两米高的朱漆方台，上面安放着金漆雕龙宝座，背后是雕龙屏。方台两旁有六根高大的蟠龙金柱，每根大柱上盘绕着矫健的金龙。仰望殿顶，中央还有一条巨大的雕金蟠龙。从龙口里垂下一颗银白色大圆珠，周围环绕着六颗小珠，龙头、宝珠正对着下面的宝座。

太和殿后面是中和殿。这是一个亭子形方殿，轮廓非常优美。举行大典，皇帝先在这里休息。

中和殿后面是保和殿。雍正后，这里是举行最高一级考试殿试的地方。

从保和殿出来，下了石级，是一片长方形小广场，它把紫禁城分为前后两大部分。广场以南，叫"前朝"。广场北面乾清门以内叫"内廷"，是皇帝和后妃们起居生活的地方。其中乾清宫、交泰殿、坤宁宫称"后三宫"。布局和前三殿基本一样，但庄严肃穆的气氛减少了，彩画图案也有明显的变化。前三殿的图案以龙为主，后三宫凤凰逐渐增加，出现了双凤朝阳、龙凤呈祥的彩画，还有飞凤、舞凤、凤凰牡丹等图案。

后三宫往北就是御花园。御花园面积不很大，有大小建筑二十多座，但毫无拥挤和重复的感觉。这里的建筑布局，环境气氛，和前几部分迥然不同。亭台楼阁、池馆水榭，掩映在青松翠柏之中；假山怪石、花坛盆景、藤萝翠竹，点缀其间。来到这里，仿佛进入苏州园林。

从御花园出紫禁城北门，对面就是景山。站在景山的高处望故宫，重重殿宇，层层楼阁，道道宫墙，错综相连，而井然有序。这样宏伟的建筑群，这样和谐统一的布局，不能不令人惊叹。

> 作者：黄传惕，编辑、记者。代表作：《故宫博物院》《天安门颂》《塞上绿洲右玉》《彩色的吐鲁番》等。本文最初刊登于《地理知识》（1979年第11期），选用时有删改。

【范文解读】

《秦兵马俑》赏析

《秦兵马俑》这篇文章生动有趣地描绘了规模宏大、类型众多、个性鲜明的秦兵马俑，再现了中华民族一段辉煌的历史，表现了中华民族的聪明才智，体现了作者浓烈的民族自豪感。

在介绍兵马俑规模宏大这一特点时，作者使用了较多的数字列举，加之恰当的比喻和想象，画面感极强，使人读之胸中骤然升起宏伟壮观之感。

而作者在介绍兵马俑的第二大特点——类型众多、个性鲜明的时候，采用了不同视角进行描写：身材、着装、动作、神态，让人觉得威武的兵马俑就站立在自己的眼前，栩栩如生，令人神往。特别是第八自然段中，作者对这些兵马俑的不同神态展开的联想，很值得一学："每个兵马俑都是极为精美的艺术珍品。仔细端详，它们神态各异：有的颔首低眉，若有所思，好像在考虑如何相互配合，战胜敌人；有的目光炯炯，神态庄重，好像在暗下决心，誓为秦国统一天下做殊死搏斗；有的紧握双拳，好像在听候号角，待命出征；有的凝视远方，好像在思念家乡的亲人……走近它们的身旁，似乎还能听到轻微的呼吸声。"作者先写自己双眼看到的具象，也就是对兵马俑外形静态的描摹，再写自己由不同神态所产生的联想，也是对兵马俑心理活动的动态刻画，细腻准确，引人无限遐思。

整篇文章准确地抓住了兵马俑的特点，并采用不同的观察角度，辅以一些恰当的修辞手法和写作方法，甚至加入了自己合理的想象，使得画面直观地展现在我们面前。

《难忘的两座桥——宽敞美丽的十七孔桥》赏析

　　《难忘的两座桥》是林海音暮年时所写的一篇散文，这两座桥一是作者小学母校的一架木质天桥，着重写了过天桥时的动作神态和欢乐的心情，借"走天桥"一件小事实打实地追忆了快乐的童年。而第二座桥则是本次选用的"宽敞美丽的十七孔桥"，写游颐和园的所见之景，并重点描写了作者最喜欢、最欣赏的十七孔桥。

　　在描写十七孔桥的美时，作者并没有极为细致地写桥的样子，就连桥栏杆上雕的数百个石狮子也是一笔带过，但却仍然让人觉得这桥极美、极舒展、极具艺术感。"无论日出、日落，十七孔桥总是在晨曦的阳光中或月色朦胧中，安安稳稳地架在湖面上。"这句话使用白描手法，虽然没有将细节展现在读者眼前，可"晨曦的阳光"和"月色朦胧"却一下子带着读者走向一座洒满了清晨金色阳光的、带着露水潮气的石桥，或是一座夜色下、雾气中轮廓有些模糊、与一轮月亮遥相陪伴的石桥，不仅仅是眼前浮现画面，而是很多感官都被带动了起来；"安安稳稳"一词和"架"这个字的使用，又给人这座桥十分牢固的感觉，用词简单，却禁得住品味。

　　第三自然段，第一句写桥周围的景色，漾漾碧波，云影天光，洁白石桥，自然的美和人造的美如此和谐，互相衬托。第二句——"这十七孔桥，桥长一百五十公尺，宽八公尺，共有十七个桥洞，桥栏杆上雕有石狮五百多只，不同的姿态，造型非常美，无论大人小孩游客，都不由得要伸手去勾一勾、摸一摸。"简单介绍了桥的长、宽、桥洞（名字由来）及桥上造型优美的狮子石雕，并借用游客不禁去触碰的反应，如"不由得伸手""勾一勾""摸一摸"，侧面写出了这座"造型优美"的十七孔桥对人们的吸引力。

　　文章寥寥数笔，语言平白朴实，却让人在字里行间充分感受到了十七孔桥的美，以及作者对这座桥极深极深的喜爱。

《故宫博物院》赏析

《故宫博物院》一文以参观故宫博物院为线索,记下了一路上的所见所闻,表达了作者对如此规模宏大、华丽精致建筑群的赞美之情。

首先,在描写时,采用了"移步换景"的写作手法,有明显且合理的顺序,以南面的午门为起点,依次介绍了前三殿、后三宫、御花园等主要建筑,出神武门至景山作结。这样写,符合故宫建筑的本身序列。作者沿着纵贯紫禁城的中轴线,由南到北,从中间到两侧,有重点地逐层介绍。这样写,井然有序,条理分明。

其次,在描写时,作者有主有次,有详有略,有分有合。第二和最后一自然段,前后呼应地总写了故宫的整体布局、外观概貌和建筑特点。文章的主体部分,又把故宫分成"前朝"和"内廷"两部分,依次介绍。"前朝"详写太和殿,并着重介绍外观色彩的辉煌壮丽、内部装饰的庄严雄伟。写"内廷"时着重写"后三宫",再写御花园。在分与合、详与略之间,过渡自然,文章有条有理,结构严谨,又富于变化,读起来不感到单调乏味。

文中,还适当运用了比喻等修辞手法,使文章更为生动形象,比如"弯弯的金水河像一条玉带横贯东西"。除此以外,在介绍故宫的建筑特点时,作者的描写极为准确、恰当,抓住了建筑最主要的特点:太和殿的色彩突出了金黄(象征富贵)和大红(象征荣华),看上去富丽堂皇,衬上湛蓝的天,映着白玉石台基,真是鲜艳夺目,金碧辉煌。它的内部装饰,重点描绘了"龙",写了色彩、姿态,等等。通过对大殿的代表色彩,装饰(龙)的颜色、做工、材质、姿态等描绘,使人直观地感受到皇家宫殿的华美壮丽。

【范文引路】

提起公园,我们总觉得太过平常,但你可曾想过园内的一花一草、一树一石、一亭一阁、一雕塑一喷泉……都藏着设计者的审美与心血。他们精心地设计与布置,为我们平淡的街道增添一抹亮色,给繁忙的生活带去一点闲适。寻找美、欣赏美，并非一定要去看大山大水，逛大宫大殿，也并非一定要身背行囊，远足千里。我们身边的那些公园，用心去逛，其实也会发现其中别样的美。为什么不去看一看呢？如果再做一份游园手账，那可是成就感满满的！咱们来试一试吧！

做一做

是不是还没怎么细细致致地逛过公园？不如先选一个感兴趣的公园，趁周末天气晴好，来一次公园大探索计划吧！

我可喜欢跟着家人到我家附近的公园去遛弯儿了！夏天，里面的草坪绿油油的，看着特舒服、特好看。而且里面有好多有意思的雕塑，每次去都要用这些雕塑编故事讲给爸爸听呢！

上次，爸爸妈妈带我去园博园玩儿，让我一下子觉得公园原来也这么有意思啊！里面的很多仿古建筑造得可精致了，配上周围的花花草草，嗯，那个词怎么说来着？啊！都让我流连忘返了！

老师在课上还提到过，公园也有很多不同的种类呢！比如有城市公园、森林公园、主题公园、儿童公园，等等。就连植物园、动物园、游乐园，都算是公园的一种呢！没想到吧？

哇！真没想到啊！看来公园比之前想的要有意思多了，也很值得我们逛一逛，走一走呢！

同学们,你去逛的那个公园,有什么让你特别感兴趣、印象很深刻的人文美景吗?把它记录下来吧!让笔尖替我们抓住目光里、记忆里美丽的一角。

周末公园大探索计划

序号	公园名称	感兴趣的景观	查阅相关资料

不要忘记给公园中你感兴趣的景观拍个照哦!既可以打印出来贴在手账上,还可以照着图片把景观画下来,这样游园手账做起来才美观漂亮嘛!

大家可以看看下面一些高手们做的旅行手账,不仅用来欣赏,还可以学习学习,在制作自己的游园手账时有个不错的参照!

| 欣赏魅力人文 |

说一说

哇，你的游园手账做得好好看，记录得也很清楚！你能和我分享一下吗？

好呀，我想我说完了，你一定也会想去的。

你能把你逛公园时的所见所闻同小伙伴分享一下吗？我们要如何把自己在公园看到的美好景色清楚明白地描述给小伙伴呢？

如果你发现说起来有些困难的话，可以好好看看范文，或许可以找到解决问题的办法！去读一读前面的三篇范文，看看作者用了哪些好方法把眼中之景写得这么清楚。

多角度观察抓特点

我们要知道,就如同世界上没有两片相同的树叶一样,每种事物都有其各自的特点,这些特点使得我们可以将每种事物区分开来。那么,怎样才能在同小伙伴描述逛公园的所见所闻时,抓住主要特点呢?

下面咱们读读范文,看看几位作者是否也是这样做的。

《秦兵马俑》这篇文章介绍了兵马俑的几个特点,快去读一读文章,找到相关句子,摘录到下面的横线上吧!

找到相关的句子,再提取出特点可就不难了!试试吧!

是不是很简单？先找出相关的语句，从中提取出概括特点的词语，再分析就可以了。再拿另外两篇范文练练手吧！请找出概括十七孔桥和故宫博物院特点的句子，摘取写特点的词语，并分析是从哪个方面来抓特点的，记录在下面。

同学们，这几篇范文从规模、类型、个性、造型、建造工艺、布局等方面对景观进行了观察，并选择恰当的词语对特点进行概括。你逛的那个公园里面你感兴趣的景观，有什么特点呢？多角度地去观察，然后选个词语概括一下吧！

多种类写法巧表述

我发现,《秦兵马俑》的作者写各种兵马俑时,表述得好清楚,读起来眼前特别有画面感!

他是怎么做到的呢?咱们来研究一下吧!

请读一读文章的3~7自然段,看看作者是如何介绍类型众多、个性鲜明的兵马俑的,并仔细填写下面的表格。

我们来给大家做一点小提示吧!

"将军俑身材魁梧,头戴鹖冠,身披铠甲,手握宝剑,昂首挺胸。"这句话是从身材、装扮和动作来描写将军俑的,大家也来试试吧!

大家一定要仔细读,认真想啊!一点儿都不难。

兵马俑不仅规模宏大,而且类型众多、个性鲜明。	俑的种类	句子摘抄	描写时所用视角

在分析的过程中大家有没有发现，其实作者在写兵马俑类型众多、个性鲜明时，不仅选取了几种兵马俑作为代表，还从各个方面，比如身材、服饰、动作、神态等视角对兵马俑进行了细致的刻画，读起来有滋有味！

你也喜欢8自然段吗？是不是很好奇它有什么魔力呢？仔细阅读《秦兵马俑》的8自然段，思考：作者在写兵马俑神态各异时，用了什么方法写得如此活灵活现？试着来分析分析吧！

序号	描写神态词语	作者想象	用了哪些写法
1			
2			
3			
4			

你发现了吗？这一段之所以令人读之有画面感，不仅因为作者有仔细观察兵马俑的神态，更是因为作者在描写时加入了自己合理的想象，一实一虚，一静一动，使人想开来去，思绪万千。加上又使用了很有气势的排比句式，读起来感觉更棒啦！

除了可以从不同方面进行描写，并加入恰当的想象，还有哪些好方法能让我们在描述景物时更清楚，读起来更有意思呢？下面再来读读林海音的《难忘的两座桥——宽敞美丽的十七孔桥》，一探究竟吧！

同学们，你喜欢文章中的哪个句子呢？请把它工工整整地摘抄下来，并说说你的理由吧！

喜欢的句子：

喜欢的理由：

一千个人眼里有一千个哈姆雷特，每个人对文字的感受各不相同。和小伙伴一起交流交流吧，或许会有意想不到的收获呢！

经过分享，或许大家已经发现了，林海音在描写造型优美的十七孔桥时，用了比喻的修辞手法，在给小伙伴讲述时，咱们也可以用啊。学了那么多的修辞手法，选一两种来用就会给文章增色不少呢！除此之外，作者还提及了不同时间（日出、日落）的桥，形成一种对比，引人不住地去想象画面。同是一处景物，清晨、中午、傍晚、深夜，不同的时间段或许有各自不同的魅力，在观察和描写时也可以尝试一下！

> 我还有一点想说！之所以喜欢3自然段，还因为林海音在写桥时，也捎带写了周围的水啊、树啊等自然中的景物，人文景观和自然美景相互衬托，和谐统一，也为彼此添了很多彩。大家说是不是这样呢？

经过一番探究，咱们发现了，想要在表述逛公园的所见所闻时说得清楚、有趣，可以借助多种写法，比如各种修辞手法，加入自己想象，多方面观察描写（甚至是不同时间的同一景物），或者把人文景物和自然景观放在一起来写，互相衬托，反而会有不错的效果！

> 嗯！这么来看的话，我常去公园的那些雕塑，也可以仿照《秦兵马俑》的3~8自然段，从多方面去描写那些雕塑。那些雕塑的姿势都挺有意思的！

> 那我在介绍园博园时，也可以像大作家林海音那样，写人文景物时，写写周边的花花草草，写写小蝴蝶小蜜蜂什么的，互相衬托一下，感觉会比单单写那些亭子更有意思呢！

多手段联用排材料

> 哈哈！学了这么多好方法，画游园手账的时候，就不发怵啦！

> 可是……我怎么有点儿没头绪呢？不知道从哪儿下手哇。这可怎么办？

大家有这样的困扰吗？既然不知道从何下手，那就再从范文里找找好办法呀！

下面是故宫博物院的导览图，请你仔细读读范文《故宫博物院》，看看能否把作者介绍的景物按顺序标出来。快来试试看吧！

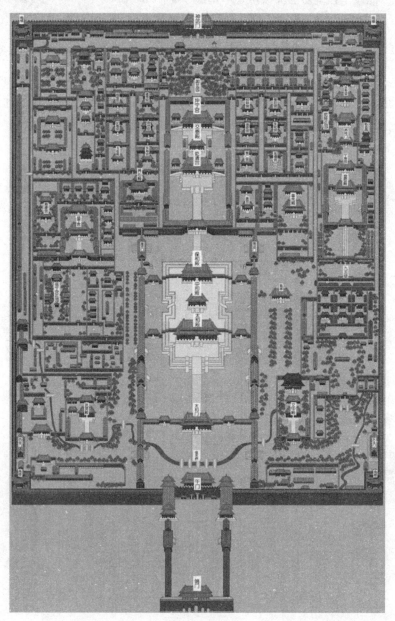

看来作者在介绍故宫博物院时,就是按照这条线从头介绍到尾的。大家知道这是哪一种顺序吗?

看来,在和别人讲述公园见闻时,可以用游览的先后顺序来安排各种材料,移步换景,读起来多有条理呀!

你还知道哪些观察和描写的顺序呢?一起来总结一下!

除了介绍有顺序,继续研究,看看还能找到什么!请大家把作者描写比较详细的景物用大圆圈圈出来,一笔带过简单介绍的用小圆圈圈出来,看看有什么发现。

我发现既有大圆圈,也有小圆圈。看来作者并没有把每一处都特别细致地介绍呀。

像作者这样,有的细致写,有的简单写,就叫作有详有略有侧重。文字一张一弛,可要比全篇都泛泛的没有重点有意思多了。逛公园时主要的、我们感兴趣的景物就可以重点写,其他的略写就可以。

而且平时我们在学习课文时,还学到了先总后分地写,或者先具体写再概括地写,这样安排文章读起来会很清楚明白。再加一些巧妙的过渡句,就会更顺畅啦。

这回我可有一些头绪啦!小伙伴你们呢?用上这些好方法,一起来做游园手账吧!

写一写

请大家整理逛公园时拍的照片、查找到的资料、公园门票、地图,等等,配上图画和文字,做一份你自己的游园手账!这样的纪念要比留在手机里的照片更有意义!

【效果评价】

同学们,既然大家都做好了自己的游园手账,并且向小伙伴展示交流过了。那在整个实践活动中,你觉得自己做得怎么样呢?快找来小伙伴和父母,让他们一起为这次实践活动做一个星级评价吧。五颗星你能得几颗?

星级评价方案

评价者	能够积极参加此次实践活动,在活动中认真完成各项实践任务	学习作者多样的描写方法,准确抓住景物特点,并能够合理安排材料	完成一份游园手账,配以文字,语言通顺连贯,特点突出
自己	☆☆☆☆☆	☆☆☆☆☆	☆☆☆☆☆
伙伴	☆☆☆☆☆	☆☆☆☆☆	☆☆☆☆☆
家长	☆☆☆☆☆	☆☆☆☆☆	☆☆☆☆☆

注:优秀4~5颗星,良好2~3颗星,合格1颗星。

【阅读延伸】

《凡尔赛宫》,吉祖英。
《胡同文化》,汪曾祺,北京联合出版社。
《走遍中国》,霍晨昕,四川人民出版社。

品动植物情趣

　　植物遍布世界每一个角落，动物也有上百万种，它们和我们人类有着密切的关系，使世界充满生机。无论是山间郁郁葱葱的树林，平原上一望无际的禾苗，河里的水草，岸边的芦苇，路旁的林荫带，楼宇间的绿树繁花，阳台上的一抹绿意，还是行走在山间野岭的飞禽走兽，大海中自由生活的水族动物，家里豢养的可爱宠物，它们都是我们的朋友。一草一木皆有情，小狗用摇尾巴表示快乐，小猫咪用摇尾巴表示不高兴。只要我们细心观察周围的动植物，一定会让你积累下习作的素材。读书破万卷，下笔如有神。下面请你读读下面的范文吧，从中你一定会感受到作者在描写动植物的特点时真情的流露。

【范文欣赏】

范文1

牵牛花

　　手种牵牛花，接连有三四年了。水门汀地没法下种，种在十来个瓦盆里。泥是今年又明年反复用着的，无从取得新的泥来加入，曾与铁路轨道旁种地的那个北方人商量，愿出钱向他买一点儿，他不肯。

　　从城隍庙的花店里买了一包过磷酸骨粉，搀和在每一盆泥里，这算代替了新泥。

　　瓦盆排列在墙脚，从墙头垂下十条麻线，每两条距离七八寸，让牵牛的藤蔓缠绕上去。这是今年的新计划，往年是把瓦盆摆在三尺光景高的木架子上的。这样，藤蔓很容易爬到了墙头；随后长出来的互相纠缠着，因自身的重量倒垂下来，但末梢的嫩条便又蛇头一般仰起，向上伸，与别组的嫩条纠缠，待不胜重量时重演那老把戏；因此墙头往往堆积着繁密的叶和花，与墙腰的部分不相称。今年从墙脚爬起，沿墙多了三尺光景的路程，或者会好一点儿；而且，这就将有一垛完全是叶和花的墙。

藤蔓从两瓣子叶中间引伸出来以后，不到一个月功夫，爬得最快的几株将要齐墙头了，每一个叶柄处生一个花蕾，像谷粒那么大，便转黄萎去。据几年来的经验，知道起头的一批花蕾是开不出来的；到后来发育更见旺盛，新的叶蔓比近根部的肥大，那时的花蕾才开得成。

今年的叶格外绿，绿得鲜明；又格外厚，仿佛丝绒剪成的。这自然是过磷酸骨粉的功效。他日花开，可以推知将比往年的盛大。

但兴趣并不专在看花，种了这小东西，庭中就成为系人心情的所在，早上才起，工毕回来，不觉总要在那里小立一会儿。那藤蔓缠着麻线卷上去，嫩绿的头看似静止的，并不动弹；实际却无时不回旋向上，在先朝这边，停一歇再看，它便朝那边了。前一晚只是绿豆般大一粒嫩头，早起看时，便已透出二三寸长的新条，缀一两张长满细白绒毛的小叶子，叶柄处是仅能辨认形状的小花蕾，而末梢又有了绿豆般大一粒嫩头。有时认着墙上斑剥痕想，明天未必便爬到那里吧；但出乎意外，明晨竟爬到了斑剥痕之上；好努力的一夜功夫！"生之力"不可得见；在这样小立静观的当儿，却默契了"生之力"了。渐渐地，浑忘意想，复何言说，只呆对着这一墙绿叶。

即使没有花，兴趣未尝短少；何况他日花开，将比往年盛大呢。

> 作者：叶圣陶（1894—1988年），原名叶绍钧，字秉臣，江苏省苏州人，现代作家、教育家、出版家和社会活动家。《牵牛花》是叶圣陶刊于《北斗》创刊号（1931年9月20日）的一篇散文，1981年11月18日修改。

范文2

常春藤[①]

  常春藤，是一种无论在幽静的园林里，还是在高大的建筑物上，或是在寻常的居民家中都可以看到的、普通的、不起眼的植物。每到夏天，当我们看厌了姹紫嫣红的花儿的时候，一抬眼，看到一墙布满了绿得可爱的常春藤时，就会被这平凡的植物身上一些不平凡所感动。

  每天上下学的路上，我都经过一个老式居民楼区，小区最外侧的两栋楼阳面楼下种着一排常春藤，一到夏天，我都要与这满墙的绿不期而遇。那时是常春藤一展自己风采的时候。你看，那常春藤爬满了楼房，青翠的叶子把墙体遮得严严实实的，就像倾泻而下的一道道绿色瀑布。唯独每家的玻璃窗还是露出来的，在阳光的照射下，多像绿色瀑布中的颗颗亮眼的珍珠哇。微风拂过，"瀑布"泛起了层层"碧浪"，齐刷刷地自顶上垂泻下来；又好似被吹皱了的一大块儿绿色锦缎，随风微微摇曳舞动。就连那本来平淡无奇的楼房，也因身上披着的"绿披风"在阳光下而变得格外精神、耀眼。细看，那每一片带着生命活力的油亮油亮的绿叶子，就像是常春藤的笑脸。这笑脸迎着阳光一个劲儿地向上生长，这笑脸迎着微风，隐约听到"沙沙"的声响，像是喃喃低语呢！这一墙的绿给炎热的夏日似乎带来几分清凉。

  常春藤与别的爬藤植物有一点不同，它不像丝瓜这类爬藤植物需要人们为它牵上绳子，搭好架子，它才能爬得上去。常春藤则只要有个能够攀附的界面，不管有多高、多陡，它伸出的每一个气生根都像是迈出的坚实的脚步，紧紧地贴在上面，攀住它，一步一步坚定地向上爬。它的气生根抓得很牢固，你不用点力气休想把它拽下来。要不是我亲眼所见，又有谁相信，这看上去柔弱的小东西，骨子里竟有如此坚强的力量呢？

  小小常春藤，却有着坚毅、奋勇向上的精神，多可爱呀！

---

  ① 本文根据同名文章改编。

范文3

喜鹊[①]

在我们家乡，喜鹊象征着吉祥，人们嘴上常说这样一句话："喜鹊叫喳喳，喜事来到家。"我虽然知道这种说法没有任何科学道理，但是仍然希望看到喜鹊飞到我家的院子里来，盼望听到它们的叫声。

这个愿望终于实现了。夏季的一个清晨，我坐在院子里的树荫下看书。突然，一阵清脆悦耳的鸟鸣声传来，这欢快的传递仿佛就来自几米高的头顶上。原来有一对儿喜鹊落到了大榆树上，我家院子里的这棵大榆树长得非常高，枝叶茂盛，像是一把偌大的太阳伞，将我家的小院罩得严严实实。它们在大榆树的枝干上愉快地鸣叫着，仿佛是在说着什么，可惜我不懂鸟语，但是这叫声总是传递着一种喜悦，让人高兴。我仰望着它们，细心地观察它们。

这一对儿喜鹊美丽俏皮。从远处看，它全身的羽毛有黑白两种颜色。头、颈、背部和尾巴是乌黑的，闪着油亮的光泽，但待它落近了细看，背部翅膀处黑色油光的羽毛中还泛着蓝莹莹的光泽，不细看还真分辨不出；双肩和腹部的羽毛洁白无瑕。黑白两色反差鲜明，使它们显得那么朴素，那么雅致。它们的体态轻盈优美。特别是它们那条长尾巴，比整个身体的一半还要长，使它们显得更加俊俏。

再细听它们的叫声，"嘎——唧唧唧唧！嘎——唧！嘎——！"韵调虽然简单，但清脆响亮，音调高昂和谐，不像乌鸦那种"啊——啊——"的四声调叫声，给人一种沉闷之感，加之全身乌黑，更令人深感不祥。喜鹊在鸣叫的同时，尾巴也随之上下翘动，整个身体也随着一颤一颤的。它们一会儿停在枝头叫，一会儿又飞落在屋顶上鸣，真是活泼动人，惹人喜爱。

后来，这一对儿喜鹊成了我家的"常客"，经常光顾我家的大榆树，

[①] 根据李奇钊同名文章改编。

这一次次的光顾原来是在选址筑巢。没多久,我就发现它们把窝址选在大榆树高高的三叉树枝上。它们每天忙来忙去地绕着树枝飞旋,原来是把嘴里衔来的小树枝交叉搭在树杈上,再衔来干草等柔软之物铺在里面。不久,它们的新家建好了,我又有了新邻居,每天清晨都充满着喜悦之声,我的生活也变得不寂寞。

梦里,我不止一次地梦到它们给我家带来喜事,但这只是梦,我不会当真,因为我知道喜事、好事以及所有美好的事物都得要自己动手去创造,所有的幸福都得靠自己去把握。

【范文解读】

《牵牛花》 赏析

《牵牛花》是著名作家叶圣陶的作品。作者先写种花,后写赏花。无论是种是赏,都透露出人格。文章写得细致、实在、朴素,这恰恰也就是人的精神和品质。栽种"三四年",瓦盆"十来个",肥料"一包",麻线"十条",条距"七八寸",高矮"三尺光景",一组数字的精细叙述,可以看出作者行文朴实,表现出作者为人处事的精细。全文任何一句都是实实在在的,是可操作的,就像一个养花多年的老农,也像朋友们的酒后闲话。没有修饰,不含浮夸,朴实自然,平和亲切。这是文章的风格,也是作者的人格。人品和文品高度统一,增加了作品的真实性,缩短了作者与读者之间的距离,也就自然地加强了作品的效果。

而随着叶长花开,作者的语言在平实中又显得精细传神。"今年的叶格外绿,绿得鲜明;又格外厚,仿佛丝绒剪成的。"寥寥数语,一个贴切简洁的比喻,写出了生长之叶的质地和生机。"嫩绿的头看似静止的,并不动弹;实际却无时不回旋向上……缀一两张长满细白绒毛的小叶子,叶柄处是仅能认形状的小花蕾,而末梢又有了绿豆般大一粒嫩头。"作者用"绿豆"作比,形象地说明了"前一晚"嫩头的大小,又通过对"早起"透出的新条、缀着的小叶子、长出的小花蕾及新生的嫩头的描绘,生动地反映了嫩头的生长变化,让我们好像也能感觉到作者惊喜而又深情的注视。这一处写得如此逼真、传神，是因为作者不是为写而写，而是把对"手植之花"的喜爱、呵护之情渗透在里面了，因而有很强的艺术感染力。

　　这篇文字的神韵更表现在赏花那段。那"早上才起，工毕回来"，在花前"小立"静观的人的神态和思绪，如一卷淡淡的水墨画，是一种静态的美。体能安，心能静，不浮躁，无奢侈，是祥和之兆，是平实的象征。在花前小立静观，那牵牛花所呈现出来嫩绿的叶、新生的条、含苞待放的花、生机勃勃的力，尤其是作者所强调的"生之力"让作者"浑忘意想"，"呆对着这一墙绿叶"完全融入景中，进入忘我境界；这是人生的最高境界，很难达到的一种境界。这才是本文神韵之精髓。作者的文章写到这里，气韵升华了，已经于平实的叙述之中，由物升到心灵；读者读到这里，我们豁然开朗，灵魂会净化，暂时忘却世俗的烦嚣，去体味自然赐予的清新与流畅、生机与活力，从而激发起一种感情，生发出一种力量。作者种花、赏花，是在以一种最简朴的方式获得精神的快乐和满足，是在和一草一木的相处中获得生活的乐趣和智慧的启迪。

　　牵牛花，是最普通的家园小花，作者栽种牵牛花，同时也"栽种"了自己。"即使没有花，兴趣未尝短少；何况他日开花，将比往年盛大呢。"原来栽种的还是普通日子里的一份希望！种牵牛花之"味"，在于能享受一份种牵牛花的情趣，一种恬淡宁静的家园生活。它给我们的启示还在于：人生最大的幸福不在于物质上拥有多少，而在于心灵的幸福，面对四季晨昏，在物我两忘中获得生命的真谛，生活因此变得富有而滋润。

《常春藤》赏析

　　《常春藤》一文主要描写了常春藤铺满一墙绿的可爱样子，以及常春藤向上攀爬的坚定与力量，表现出作者对常春藤铺满一墙绿的喜爱与对它向上攀爬的坚毅、奋勇向上的精神的赞美。作者向往、热爱大自然，透过本文赞颂着人们美好的生活和积极向上的品格。

　　全文重点写了油绿油绿的常春藤爬满老式居民楼的美丽样子，不仅装点楼房，还给炎炎夏日带来些许清凉。在本段的描写中作者多处运用了比喻、拟人的修辞方法，化静为动，动静结合，宛如一幅风景秀丽的油画铺展眼前。这些修辞方法的运用不仅多，而且质量高。将一墙绿叶的样子比作倾泻而下的瀑布和带有光泽的锦缎，将其在微风中飘动摇曳的样子比作了碧绿的水浪，使得这硬邦邦的毫无生气的楼房也充满了生机和活力，就像人一样，披着绿色的披风，尽显勃勃生机。那没有被绿叶遮盖的玻璃窗被阳光照耀得尽显明亮，就像亮眼的珍珠。虽然没有人的影子，但是可以想象在玻璃内生活的人们又是多么的惬意、舒服。又可想象当窗口打开的刹那，里面有人影立在窗前，又是一幅多么富有生动趣味的画呀！风吹叶动，沙沙作响，就像是人们在呢喃低语，这静中有动，动中有静的结合无不充满了作者对其喜爱之情。没有内心的情动，哪有灿烂的文章？作者每天上下学都要经过此，都要与这充满生机的绿邂逅，这又将是一种怎样的情愫呢？

　　随之作者又描写了常春藤攀爬的过程，它不用悉心照顾，就有着自然生长的坚毅，外表柔弱却内质刚强，积极向上。因此作者用常春藤的美丽和坚毅的精神突出了它的可爱。

《喜　鹊》赏析

　　《喜鹊》这篇文章主要描写了落在"我"家的大榆树上的一对儿惹人喜爱的喜鹊，它们的叫声传递着喜悦之情，"我"细心观察它们轻盈优美的体态，聆听它们活泼动人的叫声，盼望着它们每天的到来。最后，它们在"我"家的大榆树上筑巢安家，这让我的生活充满了乐趣。本文通过对喜鹊的到来、外形、叫声、筑巢的描写，体现了"我"对这种吉祥鸟的喜爱之情以及对美好生活的向往与追求。

　　作者在第三自然段描写喜鹊外形特点时，先总体概括喜鹊美丽而俏皮的外形，再具体详细地抓住了羽毛的颜色和尾巴长的特点加以具体描述，运用了先概括后具体的写法。第四自然段通过对比乌鸦的叫声而显出喜鹊的惹人喜爱，通过这两段的描写，喜鹊喜人的样子活灵活现地展现在读者面前。第五自然段主要写喜鹊在"我"家的大榆树上安了家，给"我"带来无限乐趣。这段具体描写了喜鹊是怎样选址筑巢的。

修辞上，本文在第一自然段引用了俗语"喜鹊叫喳喳，喜事来到家"，让文章所表达的语言简洁凝练、生动活泼，增添感染力；在第二自然段"我家院子里的这棵大榆树长得非常高，枝叶茂盛，像是一把偌大的太阳伞，将我家的小院罩得严严实实。"这句运用比喻，将枝叶繁茂的大榆树比作了一把偌大的太阳伞，让表达更生动，更形象。文中的每一句话无不透着作者对喜鹊的喜爱之情。"我"希望着它们的到来，盼望它们的声音，仰望着它们，把它们当客人、当邻居……一字字、一句句都透着我的喜爱之情。"我"喜爱它们的朴素雅致，喜爱它们的活泼动人，喜爱它们的喳喳叫声，更喜爱它们选址筑巢、创造的美好生活。

【范文引路】

动植物与我们的生活息息相关，我们生活中如果失去了它们就失去了色彩和情趣。家中养一盆或几盆你精心挑选的植物，每天侍弄它，观察它，这样会给你的生活增添色彩，让内心变得更加平静、恬淡。家里养个小宠物会让你多一份牵挂，给生活平添一份情趣。养殖的过程就是接近与观察的过程，相信你们一定会在长时间的相处与照料中由陌生变得熟悉，由不了解变得精通，在怡然成趣中渐渐产生感情，喜爱它们，甚至多年后想起来，会成为一段美好的回忆！

细节在于观察，成功在于积累。把你的细心照料与观察带着情愫都记录下来吧！

做一做

同学们，如果你还没有一盆精心呵护的绿植或者自己豢养的宠物，那就赶快走出家门，去挑选一种吧。

我最喜欢小乌龟了。它探头探脑的样子实在可爱。

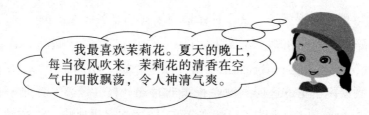

你喜欢哪种绿植呢？你又喜欢哪种动物呢？自己先和父母一起商量一下吧，看看家里需要添置什么绿植或者根据条件可以养什么宠物，并将和父母讨论的结果填入表格中。

挑选计划

选择种类	挑选理由
植物	
动物	

在挑选后别忘了精心照料你的新宠，每天关心它、呵护它、了解关于它的一切，将你的爱分给它哟！下面把你在平常照料中的观察与感受记录下来吧！

观察记录

观察时间	样子变化	了解特点	心理感受

说一说

的确，如何把自己观察到的、付出的有条理地说清楚，对一些同学来说是个难题。如果存在困难的话，阅读可以帮助我们寻求解决之道。去读一读前面的三篇范文，看看作者是怎么把自己的观察写清楚，在描写外形、习性中见真情的。

仔细观察　融入感情

对于观察就是看，我们可能就要问："观察就是用眼睛看到的事吗？"当然不是。善于观察、细心观察是叙述的必要条件。观察的目的是要捕捉事物的特征，获得整体认识，弄清局部情况，注意事物的动静变化等，从中获得深刻的体验和真实的感受。没有体验和感受的看一看都不能称为观察。所以我们无论观察什么,都要有目的、有次序、认真细致地进行,要用心,千万不能粗枝大叶、走马观花。

在范文中,对动、植物特点的描述,无不体现着作者的细心观察,字里行间流露着作者对它们的喜爱之情。我们不妨再体会一下吧!

例如:

《牵牛花》	《常春藤》	《喜鹊》
前一晚只是绿豆般大一粒嫩头,早起看时,便已透出二三寸长的新条,缀一两张长满细白绒毛的小叶子,叶柄处是仅能辨认形状的小花蕾,而末梢又有了绿豆般大一粒嫩头。	你看,那常春藤爬满了楼房,青翠的叶子把墙体遮得严严实实的,就像倾泻而下的一道道绿色瀑布。唯独每家的玻璃窗还是露出来的,多像绿色瀑布中的颗颗亮眼的珍珠哇。	从远处看,它全身的羽毛有黑白两种颜色。头、颈、背部和尾巴是乌黑的,闪着油亮的光泽,但待它落近了细看,背部翅膀处黑色油光的羽毛中还泛着蓝莹莹的光泽,不细看还真分辨不出;双肩和腹部的羽毛洁白无瑕。黑白两色反差鲜明,使它们显得那么朴素,那么雅致。

我喜欢描写青翠常春藤在微风中摇摆的句子,真美呀!

我喜欢描写喜鹊样子的句子,作者的观察细致入微,语言准确。

再次读完后,一定有你特别喜欢的句子吧!摘抄下来,说说理由。

我喜欢的句子：
_____
_____
_____

喜欢的理由：_____
_____
_____
_____

抓住特点写不同

《喜鹊》

细描哪部分	有哪些特点	从哪些句子感受到的

喜鹊的羽毛很好看！

喜鹊的尾巴不但很俏皮，而且叫声更让人喜欢。

作者正是抓住了喜鹊最突出的特点进行描写,才让喜鹊俏皮、美丽、活泼的样子走进了我们的内心,看来抓住小动物最突出的特点就能让小动物的形象跃然纸上。

我知道了,描写小动物时要抓住它们不同方面的特点。例如,喜鹊不仅外形俏皮美丽、叫声喜人,还会搭窝呢!

而其他的动物,有的外形好看,有的丑陋无比;有的灵巧,有的蠢笨;有的喜欢人,有的害怕人;有的叫声悦耳动听,有的则默不作声……我们要从不同方面找特点。

你豢养的小动物或者精心培养的绿植,它们的特点是什么?从不同方面用一两个词概括一下吧!

《　　　　》

将要细描哪部分	有哪些特点

找到特点,我该怎么说清楚呢?

人格化描写见真情

怎么才能把动植物的特点说清楚呢?《牵牛花》这篇文章中藏着好方法,我们快来读读吧。

叶圣陶老先生与他笔下的牵牛花仅仅是人与花的关系吗?

文章中的描写随处都透着作者的用心,把牵牛花当成非常熟悉的老朋友。

请同学们默读文章《牵牛花》,作者在描写种花和赏花的语句中哪些词句的使用让你觉得他们是朋友呢?你从文中挑一挑这样的词句吧!

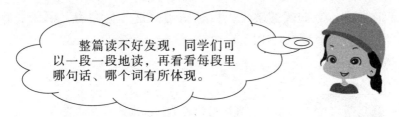

整篇读不好发现,同学们可以一段一段地读,再看看每段里哪句话、哪个词有所体现。

句子	词语	理由

《牵牛花》第一、第二自然段中,作者为了养花花钱买泥不成、又买磷酸骨粉,这其中无不透着作者照料精心、养殖科学。如果不看重又怎会花钱花心思呢?第三自然段写藤蔓纠缠攀爬时,末梢的嫩条像蛇头一般仰起,向上伸与别组的嫩条纠缠,待不胜重量时重演那老把戏。"仰""伸"不是人或者可爱的宠物才有的动作吗?后面称它这种为"老把戏",这一组词语的使用便把作者对它平日照料的细心和熟悉流露给我们。如果不是老朋友了怎会用这样的词语来形容?第六自然段"有时认着墙上斑剥痕想,明天未必便爬到那里吧;但出乎意外,明晨竟爬到了斑剥痕之上;好努力的一夜功夫!"作者描述一夜生长的新条时用到"好

努力"这样一个评价人的词语,可见作者早已经把"牵牛花"当成知己朋友了。"'生之力'不可得见;在这样小立静观的当儿,却默契了'生之力'了。渐渐地,浑忘意想,复何言说,只呆对着这一墙绿叶。"作者与牵牛花默契了"生之力",要不是把牵牛花当成至信良友则怎会有这"默契"?如果作者不喜爱这牵牛花,怎会用如此语言来形容?可见作者是怀着对待老朋友的心和念,对牵牛花充满着真挚喜爱之情的。因此文章写出来才得见真情。

我们在描述自己熟悉的植物或者精心照看的宠物时,如果能够人格化描写,就可使笔下的花草、宠物有了人的思想和灵魂,这样写出来的文章富有情趣,就能够流露出笔者的喜爱之情。在描写的时候,也要写出自己对动物、植物的感情变化。例如《牵牛花》,开始作者表达的只是三四年的熟悉、老朋友的感觉,后来则是被这"生之力"感染、感动,变得"浑忘意想,复何言说"了。

巧用比喻变生动

我也觉得不像我们学过的文章那样生动有趣。还是到范文中去找找好办法吧。我发现了……

  同学们知道了抓住事物特点，明白了人格化的描写之后，这还远远不够。快再次读读《常春藤》吧！再读这篇文章，在第二自然段中你一定发现了多处运用了比喻，这可是将事物说生动、鲜活、有趣的法宝哦！请你边读边画一画，体会一下运用比喻的好处。

  "你看，那常春藤爬满了楼房，青翠的叶子把墙体遮得严严实实的，就像倾泻而下的一道道绿色瀑布。""微风拂过，'瀑布'泛起了层层'碧浪'，齐刷刷地自顶上垂泻下来；"将一墙绿叶的样子比成倾泻而下的瀑布，微风拂过，又被风吹出了"浪"，从没有流动感的"一墙绿叶"联想到具有流动感的瀑布，被风掀动的时候还有浪，这样做比喻让静止的一墙绿叶富有了灵动的感觉，醉人的情景自然浮现在读者眼前。"又好似被吹皱了的一大块儿绿色锦缎，随风微微摇曳舞动。"喻体"锦缎"是有光泽和质感的，恰如其分地将叶子油中发亮的特点表现出来。这两个比喻，让爬满墙的常春藤不仅富有灵动感，还拥有光泽和柔软的质感，带给读者美的享受。

  "唯独每家的玻璃窗还是露出来的，在阳光的照射下，多像绿色瀑布中的颗颗亮眼的珍珠哇。"将阳光照射下的一扇扇玻璃窗比作"亮眼的珍珠"，绿瀑和绿色锦缎中藏着亮眼的珍珠，更是美上加美，美得珍贵。

  这段中的比喻还不止这两处，其实整段的描写都是在联想与想象中形成的比喻，化静为动，动静结合，让常春藤更富活力和灵动。

  再读其他两篇范文，你是不是也能够体会到比喻的妙处呢？快来再读读吧！可以将你的发现填在下面的表格中！

比喻句	将什么比作什么	作用（好处）

严谨结构层次清

我们写文章的时候不但要做到言之有物，同时还要做到言之有序。如果顺序安排不妥，无论写什么都会给人凌乱的感觉。只有注重了顺序的安排，才能使文章条理清晰、层次清楚。你再次读一读这三篇范文，说一说每篇按照什么顺序表达的，可以参看下表。

选文	表达顺序
《牵牛花》	种花（买土、选肥、墙上垂线） 赏花（花骨朵、花叶、藤蔓生长力）
《常春藤》	总述（常春藤普通、可爱、不平凡） 分述（常春藤绿得可爱、爬得不平凡） 总述（常春藤坚毅、向上、可爱）
《喜鹊》	总述（盼望吉祥鸟喜鹊的到来，喜欢它的叫声） 分述（喜鹊的到来、喜鹊的外形、叫声、筑巢） 总述（梦到喜鹊，要勤劳生活）

我们写状物类文章时，究竟按照哪种顺序写，可根据观察所得，灵活安排内容。但是不管怎样安排顺序，范文中对牵牛花、常春藤、喜鹊都没有缺少样子的描写。

写样子也是有层次的！

是呀！我知道在写喜鹊的外形时就是用了先概括后具体的写法。而写常春藤则是从整体到局部，从静态到动态。

看！像这样安排内容顺序，表达严谨，描述清楚，能让别人听得明白。其实在我们的语文课堂中，也学过先概括后具体的写法，先概括写出事物特点，再围绕特点具体描述。只要我们用心地从阅读中寻找方法，也能把观察到的、感受到的事物描述清楚，甚至生动、有趣。加油，下面我们就来一展才能吧！

写一写

请同学们先把自己养的宠物或者绿植拍张照片贴在这里，然后开动自己的小脑瓜写一写这个你精心照料的小新宠吧！

同学们可以多养一些绿植，或者走到自然中去多了解一些动物、植物。只有喜爱才能吸引，才有动力去多了解一些知识。只要我们做个有心人，一定会写出丰富多彩的文章。将你的了解、喜爱都化成文字愉悦自己，做一个热爱生活的人。可以仿照上面这样，先拍成照片然后再介绍，制作成照片集。更希望你能把自己制作的照片集和文章拿来和别人分享，在交流中提高自己的写作能力。

【效果评价】

同学们，在整个实践活动中，自己做得怎么样呢？快找来小伙伴和父母，让他们跟自己一起为这次实践活动做一个星级评价吧。五颗星你能得几颗？

星级评价方案

评价者	能够积极参加此次实践活动，在活动中认真完成各项实践任务	学习范文的方法，展现动植物特点，感悟作者有序的表达	对自己养的动植物进行描述，语句通顺连贯，特点突出
自己	☆☆☆☆☆	☆☆☆☆☆	☆☆☆☆☆
伙伴	☆☆☆☆☆	☆☆☆☆☆	☆☆☆☆☆
家长	☆☆☆☆☆	☆☆☆☆☆	☆☆☆☆☆

注：优秀4~5颗星，良好2~3颗星，合格1颗星。

【阅读延伸】

《珍珠鸟》,冯骥才,作家出版社。

《杨 柳》,丰子恺,天地出版社。

《重返草原》,格日勒其木格·黑鹤,中国少年儿童出版社。

探索科学奥秘

同学们,当你看电视按动遥控器换台的时候,当你打开冰箱取冷饮的时候,当你开启视频对话与他人交谈的时候,当你登录网站查阅资料的时候……你是否感到了科学技术的神奇?请你认真阅读范文,看看科学技术可能创造的奇迹,感受一下科学技术发展的惊人速度,还可以畅想一下,科学技术的发展还将带给我们生活的变化。在阅读过程中,如果遇到不懂或者特别感兴趣的地方,可以查阅相关资料,要留心科学技术的新发现哦!还等什么?赶快行动吧!

【范文欣赏】

范文1

果园机器人[①]

秋天到了,果农们又高兴又发愁。高兴的是水果又丰收啦,发愁的是需要做的事太多了。要把果子从树上摘下来,要把它们运到很远的地方去卖,实在忙不过来。

你会想,可以让机器人来帮忙呀。是的,现在已经有了会干农活的机器人。它们能把成熟的果子从树上摘下来,整齐地装进纸箱,然后运到指定的地方。

这些机器人这么聪明能干,看来真是果农的好帮手呢!可是,果农还是不太满意。如果没有电,它们是要"罢工"的,果园那么大,到处是果树,不可能让机器人拖着长长的电线走来走去。你会想,可以用电池呀!那就得经常给机器人充电或者换新电池。因为电池的电很快就会

---

① 本文在选入本书时略有改动。

用完的，没电了，机器人就会"饿倒"。让果农在大片密密的果树林里一个个地去找"饿倒"了的机器人，那可太麻烦了。

能不能让机器人自己充电呢？科学家正在研究这样的机器人，它们只要"吃"树上掉下的水果就可以干活。这种机器人的肚子里，如果装了特殊的电池，就可以把吃进去的水果变成糖，再把糖变成电。在收获的季节里，这些机器人只要捡掉在地上的水果"吃"，就能不停地工作。

有了这种"吃"水果的机器人，果农们就轻松多了，只要坐在办公室里指挥它们就行了。要是有机器人报告，地上的水果不够"吃"了，主人就会立刻告诉它，从树上摘些果子"吃"吧。

范文2

呼风唤雨的世纪[①]

20世纪是一个呼风唤雨的世纪。

是谁来呼风唤雨呢？当然是人类；靠什么呼风唤雨呢？靠的是现代科学技术。在20世纪一百年的时间里，人类利用现代科学技术获得那么多奇迹般的、出乎意料的发现和发明。正是这些发现和发明，使人类的生活大大改观，其改变的程度超过了人类历史上百万年的总和。

人类在上百万年的历史中，一直生活在一个依赖自然的农耕社会。那时没有电灯，没有电视，没有收音机，也没有汽车。人们只能在神话中用"千里眼""顺风耳"和腾云驾雾的神仙，来寄托自己的美好愿望。我们的祖先大概谁也没有料到，在最近的一百年中，他们的那么多幻想纷纷变成了现实。20世纪的成就，真可以用"忽如一夜春风来，千树万树梨花开"来形容。

20世纪，人类登上月球，潜入深海，洞察百亿光年外的天体，探索原子核世纪的奥秘；20世纪，电视、程控电话、互联网以及民航飞机、高速火车、远洋船舶等，日益把人类居住的星球变成联系紧密的"地球

---

① 本文在选入本书时略有改动。

村"。人类生活的舒适和方便，是连过去的王公贵族也不敢想的。科学在改变着人类的精神文化生活，也在改变着人类的物质生活。

1923年，英国数学家、哲学家伯特兰·罗素说："归根到底，是科学使得我们这个时代不同于以往的任何时代。"八十多年后，这段话依然适用。回顾20世纪的百年历程，科学的确创造了一个又一个神话，为人类创造了比以往任何时代都要美好的生活。在新的世纪里，现代科学技术必将继续创造一个又一个奇迹，不断改善我们的生活。

范文3

黄河是怎样变化的①

人们都说，黄河是中华民族的摇篮。可是一查黄河近2 000年来的"表现"，却叫人大吃一惊。黄河在近2 000年来竟决口1 500多次，改道26次，给两岸人民带来了深重的苦难。

人们不禁要问：像这样一条多灾多难的祸河，怎么能成为中华民族的"摇篮"呢？

说来有趣，在数千年到数万年前，黄土高原乃至黄河流域，自然条件是很好的，可与今日的江淮流域比美。那时候，黄河流域气候温暖，森林茂密，土地肥沃，尤其是下游一带自然条件更好。因此，我们的祖先才选择这里生息繁衍。

可是，后来黄河变了，它开始变得凶猛暴烈起来，折腾得两岸百姓叫苦不迭。黄河成了中华民族的忧患。

黄河是世界上含沙量最大的大河，其含沙量相当于长江的68倍。黄河每年从中上游带到下游的泥沙总重量达16亿吨，其中12亿吨被搬到了大海，4亿吨则沉积在下游河道中。问题就出在这4亿吨泥沙上。它使黄河的河床逐年升高，结果有的河段高出两岸农田3～4米，有的甚至高出10米以上，使黄河成了悬河。每到洪水季节，黄河这些地段的堤坝很

---

① 本文在选入本书时略有改动。

容易决口，造成可怕的大水灾。

　　据科学家研究，黄河发生变化有两方面的原因。一是自秦朝以后，黄土高原气温转寒，暴雨集中。加上黄土本身结构松散，很容易受侵蚀和崩塌，助长了水土流失，使大量泥沙进入黄河。二是人口迅速增长，无限制地开垦放牧，使森林毁灭、草原破坏，绿色的植被遭到严重破坏，黄土高原失去天然的保护层，引起了严重的水土流失。每年，黄河流域每平方公里就有4 000吨宝贵的土壤被侵蚀掉，相当于一年破坏耕地550万亩！更严重的是，水土流失使土壤的肥力显著下降，造成农作物大量减产。越是减产，人们就越要多开垦荒地；越多垦荒，水土流失就越严重。这样越垦越穷，越穷越垦，黄河中的泥沙也就越来越多，因而黄河决口、改道的次数也就越来越频繁。

　　把黄河治理好，关键是要把泥沙管住，不能让它随心所欲地流进黄河。新中国成立后，科学家已经为治理黄河设计了方案。他们认为黄土高原地区应坚持牧、林为主的经营方向。一定要保护好森林资源，使失去的植被尽快恢复。要使人人都明白这样一个道理：破坏森林是不折不扣的自杀行为；要合理规划利用土地，同时还要大量修筑水利工程。这样数管齐下，一定能防止水土流失，黄河变好的梦想一定能成为现实。

【范文解读】

《果园机器人》 赏析

　　这是一篇能体现科技神奇力量的文章，所写的内容极为有趣。文章以"机器人"为线索，描写机器人服务于丰收的果园中，它们能把成熟的果子从树上摘下来，整齐地装箱，运到指定的地方。有趣的是，这些机器人只捡掉在地上的水果"吃"，自我充电，不停地工作。

　　你发现了吗？文章的叙述方式也很有特色。文中果园机器人各种特性的介绍，是随果园生产需要的变化一步步体现出来的。水果丰收，果农忙不过来了，于是需要机器人帮忙；果园很大，机器人不好拖着电线工作，用电池也不方便，于是又想让果园机器人"吃"园中掉在地上的水果，自我充电。这样的叙述一方面使得果园机器人特点的介绍有层次、很清楚，另一方面也体现了生产需求是科技的发展动力，相信你们在读过后会得到有益的启示。

《呼风唤雨的世纪》赏析

20世纪是科学技术空前辉煌的世纪，作者仅用短短的几百字就清楚地介绍了20世纪一百年间的科学技术发展历程，展示了科学技术的飞速发展给人类生活带来的巨大变化和灿烂前景，激发了热爱科学、学习科学和探索科学的浓厚兴趣。

文章开篇紧扣主题，第一自然段只有一句话，以"毋庸置疑"的口吻说明了一个事实：20世纪是一个呼风唤雨的世纪。随后，解释说明了这一观点。随后又借神话故事寄托美好愿望的上百万年的农耕社会对比20世纪近一百年的科技发展成就来突出主题。

第二自然段，连续运用两个设问句吸引我们：是谁来呼风唤雨呢？靠什么呼风唤雨呢？正是人类利用现代科学技术不断地"发现"和"发明"，才使神话中的"呼风唤雨"变为现实，使人类的生活得到了大大的改观，其改变的程度超过了人类历史上百万年的总和，阐明了科学技术对改变人类生活的现实意义。

第三、第四自然段是文章的重点段。作者运用对比的方法，列举具体事例巧妙地揭示了科学技术对人类生活的意义：没有科学技术，人类只能顺从自然。人们生活在一个日出而作、日落而息的农耕社会，只能在神话中寄托自己的美好愿望；但是拥有了科学技术，人类就能改造自然，改变自己的生活方式，上天入地已不再是神话。现代科学技术把广博的地球浓缩成了小小的"地球村"，"科学在改变着人类的精神文化生活，也在改变着人类的物质生活"。可见科学技术对改变人类生活的作用十分巨大。

第五自然段中，作者引用英国数学家、哲学家伯特兰·罗素的名言，点明文章的主旨：科学技术彻底改变了人类的生存方式，它将使人类的生活更加美好。

选编这篇文章的意图：一是学习文章的说明方法，提高阅读能力；二是了解20世纪科学技术给人类带来的巨大变化,培养热爱科学的情感。

《黄河是怎样变化的》 赏析

文章介绍了黄河变化的过程、变化的原因及其治理的方案,告诉人们要保护大自然、保护环境,否则就会受到大自然的惩罚。文章先写了黄河给两岸人民带来的苦难,它是一条多灾多难的祸河,但它又是中华民族的摇篮;接着,从黄河含沙量的现状分析黄河变化的原因;最后写科学家设计了治理黄河的方案。这是一篇说明文,文章条理清楚,材料确凿,数据翔实,字里行间包含着强烈的忧患意识和环保意识。

【范文引路】

科学技术的飞速发展,帮助人们不断探索自然奥秘,不断改变我们的生活。本组范文展示了多方面的内容,把我们带入一个神奇的科技世界。你还知道哪些科技发明?它们分别是什么?又有什么样的作用呢?可以查阅相关资料,留心科学技术的新发现。赶快把你感兴趣的科技发明用文字和图画表现出来,制作成"科学探索手抄报"吧。

做一做

同学们,最吸引你的是哪种科学设计呢?如果还是没有找到吸引你的科学发明,那就赶快走出家门,去科技馆发现科学的奥秘吧!有不懂的地方要查一查资料哟!

我最喜欢果园机器人,不用人们动手,它们就把果子采摘下来,整齐地装箱,最神奇的是它居然能"自我充电",不停工作。

我喜欢"呼风唤雨的世纪",它展示了科学技术的飞速发展给人类生活带来的巨大变化和灿烂前景。

你喜欢哪些科技发明呢？它又给我们的生活带来了哪些改变呢？自己先做个计划：走进科技馆或者上网查阅资料，也可以……快去发现科学的奥秘吧。

探索科学奥秘

我喜欢的发明	优点	需要改进的地方	我的建议

别忘了，在调研的时候拍下这些发明的照片，也可以动笔画下来做成简单的说明书，并在旁边注明它的优、缺点。也可以提出你的建议哦！

说一说

同学们，你们能把自己收集的科技发明，介绍给你的朋友吗？我们该怎么介绍才能吸引小伙伴，才能把看到的科技发明说清楚呢？如果遇到困难的话，别忘了阅读可以帮助我们解决这样的问题。快去读一读前面的三篇范文，看看作者是怎么把这些科技发明写清楚的。相信有了这些方法支持，我们一定会说得更好。

支持一：抓住发明特点

《果园机器人》是一篇能体现科技神奇的文章，请默读《果园机器人》，其中一定有很多让你喜欢的句子，把它们摘抄下来，说说喜欢的理由。

我喜欢描写它外貌的句子，真有意思。

我喜欢描写它工作的句子，作者用到了比喻，很形象。

我喜欢的句子：

喜欢的理由：

同学们真不错，找到了自己喜欢的句子，写出了喜欢的理由，快和大家一起分享吧。

在读文章的时候，哪一个自然段更吸引你？找一个自己最感兴趣的自然段，再认真读一读，看看写出了它的什么特点。

《果园机器人》	
写出了哪些特点	从哪些句子感受到的

同学们真棒，作者正是抓住了果园机器人最突出的特点进行描写，才让机器人的形象走进了我们的内心，看来抓住物体最突出的特点就能让描写深入读者的内心。快去看看，你收集的科技发明，它们的特点是什么，用一两个词语概括一下。

支持二：学习说明方法

到底怎样才能把科技发明的特点说清楚呢？《呼风唤雨的世纪》这篇文章中藏着好方法，我们快来读读吧。

《呼风唤雨的世纪》的哪些描写给你留下了深刻的印象？

我们一起看这句:"正是这些发现和发明,使人类的生活大大改观,其改变的程度超过了人类历史上百万年的总和。"这句中的"发现"和"发明"有什么区别

没错,从字面看,两者很相近,但仔细推敲,确实不同。"发现"是指人们利用现代科学技术,经过研究探索,看到或找到了一些前人不了解的事物或规律;"发明"则是指创造出的新事物或新方法。"发现"的是本来存在的,但我们不了解的事物或规律;"发明"的是本来不存在的事物,是新的创造。

如电脑、太空育种是前所未有的新创造,就是发明。而恐龙飞向蓝天演化成鸟儿,就是新发现。

文中又藏着哪些说明方法呢?赶快读一读,用笔画一画,完成表格。

我找到的句子	说明方法	好处

同学们赶快把你的发现和同桌交流交流吧。

我找到的是做比较。起初人们生活在一个日出而作、日落而息的农耕社会,只能在神话中寄托自己的美好愿望,但是拥有了科学技术,人类就能改造自然,改变自己的生活方式。

> 我找到的是举例子。20世纪，电视、程控电话、互联网以及民航飞机、高速火车、远洋船舶等，这些例子都揭示了科学技术对我们生活的意义。

作者正是运用做比较和举例子的说明方法，巧妙地揭示了科学技术对人类生活的意义：没有科学技术，人类只能顺从自然。你还能举出科技成就方面的例子吗？

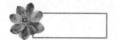

其实，我们也可以仿照这样的写法，把我们感兴趣的科技发明说一说。刚才我们学习了用说明方法写出说明对象的特点，现在我们就来仿照这样的写法，把我们喜欢的发明说清楚。

支持三：合理建构段落

同学们了解了抓住特点和运用说明方法来叙述清楚一种变化、一个事物之后，快来思考一下：你打算用这些方法讲清楚一件什么事物呢？它有哪些变化？和自己的小伙伴一起说说吧。

> 我说的内容感觉很乱，总有东一句西一句的感觉，怎么把这些句子连成一个整体呢？

> 我也觉得不像我们学过的文章那样有条理。还是到文章中去找找好办法吧。

我们来读读《黄河是怎样变化的》，看看能不能从中学习一些方法，让我们的表达更清晰，更有条理。请大家默读《黄河是怎样变化的》第五自然段，思考：课文运用了什么说明方法？按怎样的顺序介绍了黄河含沙量大？按下面的要求呈现学习成果。

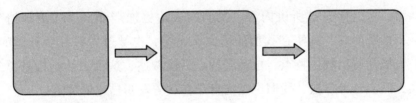

按照第五自然段的讲述顺序，画出叙述顺序的示意图，根据自己的想象力绘制画面！

作者在第五自然段介绍黄河泥沙量大时，就是按照这条线从头介绍到尾的。大家知道这是哪一种顺序吗？

看来，在介绍一件具体事物时，可以用先概括后具体的方法来安排各种材料的顺序，读起来就会有条理呀！

我是小导游

了解了表达顺序，你能以"超市导购"的身份，向"顾客"介绍"华冠超市的商品非常丰富"吗？赶快组织组织语言。别忘记要采用"先概括后具体"的方法进行表达，再用上列数字、做比较等学到的说明方法，让表述有条理，更清楚哦！

你的介绍可太棒啦！咱们介绍的时候，确实也有一定的顺序！

看，像这样安排所讲内容，我们的表达更加严谨，描述更加清楚，别人也能听明白。其实在我们的语文课文中，也学过先概括后具体的写法，先概括写出物体特点，再围绕特点具体叙述，这种表达结构是总分。其实，用上这种方法，我们也能把自己喜欢的发明描述清楚哦！

我们学习到了这里，你解决了自己表达上的问题了吗？赶快去实践吧！

写一写

通过以上的了解，相信你一定有所收获。赶快把你感兴趣的科技发明用文字和图画制作成"科学探索手抄报"的形式表现出来吧！

相信同学们的手抄报一定用心做了，今后，可以仿照这样的形式，做成一个科学系列，制作成《我的科学探索集》，然后，定期拿来和同学们分享。快和小伙伴们一起交流吧，出示自己的照片，分享自己所写的文字，在互相交流中，如果有需要完善的地方要完善起来哦！让我们大家一起来探索科学的奥秘吧！

【效果评价】

同学们，自己写好介绍，也和小伙伴一起分享了自己的发现，又修改完善了自己的小报。在整个实践活动中，自己做得怎么样呢？快找来小伙伴和父母，让他们跟自己一起为这次实践活动做一个星级评价吧！五颗星你能得几颗？

星级评价方案

评价者	能够积极参加此次实践活动，在活动中认真完成各项实践任务	学习作者的描写方法，展现景物特点，感悟作者有序的表达	对自己的照片进行描述，语言通顺连贯，特点突出
自己	☆☆☆☆☆	☆☆☆☆☆	☆☆☆☆☆
伙伴	☆☆☆☆☆	☆☆☆☆☆	☆☆☆☆☆
家长	☆☆☆☆☆	☆☆☆☆☆	☆☆☆☆☆

注：优秀4～5颗星，良好2～3颗星，合格1颗星。

【阅读延伸】

《假如没有灰尘》，人民教育出版社小学语文五年级上册。

《蝙蝠和雷达》，人民教育出版社小学语文四年级下册。

《科学改变人类生活的100个瞬间》，路甬祥，浙江少年儿童出版社。

总主编:赵成会 周生利

悦读 实践 习作

主编:张颖 兰汇

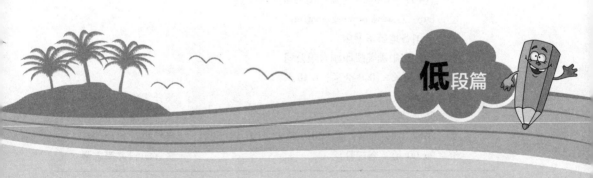

低段篇

北京理工大学出版社
BEIJING INSTITUTE OF TECHNOLOGY PRESS

版权专有　侵权必究

图书在版编目（CIP）数据

悦读　实践　习作. 低段篇 / 张颖，兰汇主编. —北京：北京理工大学出版社，2019.12
ISBN 978-7-5682-8034-1

Ⅰ. ①悦… Ⅱ. ①张… ②兰… Ⅲ. ①作文课－小学－课外读物 Ⅳ. ①G624.243

中国版本图书馆 CIP 数据核字（2019）第 299256 号

出版发行 / 北京理工大学出版社有限责任公司	
社　　址 / 北京市海淀区中关村南大街 5 号	
邮　　编 / 100081	
电　　话 /（010）68914775（总编室）	
（010）82562903（教材售后服务热线）	
（010）68948351（其他图书服务热线）	
网　　址 / http://www.bitpress.com.cn	
经　　销 / 全国各地新华书店	
印　　刷 / 保定市中画美凯印刷有限公司	
开　　本 / 710 毫米 × 1000 毫米　1/16	
印　　张 / 4.75	责任编辑 / 申玉琴
字　　数 / 65 千字	文案编辑 / 申玉琴
版　　次 / 2019 年 12 月第 1 版　2019 年 12 月第 1 次印刷	责任校对 / 周瑞红
定　　价 / 96.00 元（全三册）	责任印制 / 李志强

图书出现印装质量问题，请拨打售后服务热线，本社负责调换

编委会

总主编：赵成会　周生利

主　编：张　颖　兰　汇

编　委：

王　萌　王　静　兰　汇　刘　猛　刘　颖
朱香君　张　颖　周生利　赵亚涛　常珊珊
崔建华　沙文军　任国兵

美术设计：张春涵　张　珅

目录

妙笔生花绘形态 …………………………… 1

介绍他和她 ………………………………… 9

清楚明白写事情 …………………………… 16

我看我听 …………………………………… 23

妙趣横生写自然 …………………………… 30

细观察　话景观 …………………………… 41

童趣之中有喜爱 …………………………… 49

展开想象编童话 …………………………… 57

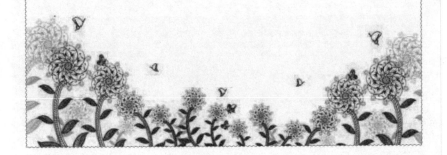

妙笔生花绘形态

小朋友，你好！你家一共有几口人？都有谁呢？你发现了吗？每个人都有不同的相貌、体态。我们可以用笔将人物的容貌、身材、衣着和表情等，进行细致描写，这就是写好人物的第一步。赶快读一读下面的范文吧！

【范文欣赏】

范文1

我的妹妹

我的妹妹很可爱。她有一头乌黑的头发，扎着一个高高的马尾辫，整个人好像被这个马尾辫拉了起来，显得特别精神。弯弯的柳叶眉下，有一双大大的眼睛、一个高高的鼻子。红扑扑的脸蛋上有两个浅浅的酒窝，一张红润的小嘴巴，特别漂亮，难怪大人们总叫她"小美女"呢！

范文2

有趣的姑父

我的姑父是一名优秀的体育老师，长得很帅。在我们家，他个子最高了，有一米八五呢！他体形健硕，手臂上的肌肉一块一块的，好像电视上的"健美先生"。因为他经常在室外上课，所以皮肤被太阳晒得黝黑黝黑的，看起来非常健康。

姑父虽然身材高大魁梧，但脾气像小孩子一样，常常和我闹着玩。有一次，姑父来我家玩，他笑嘻嘻地说："来，今天试试你的'武术'怎么样！"说完，我们就摆开架式，来了一局"柔道"比赛。姑父假装使出大招，要将我压在沙发上。就在这时，我趁机一侧身，害得姑父差点摔个跟头。姑父只好认输："不来了，不来了，我输了！"围观的爷爷奶奶被逗得哈哈大笑。姑父真是太有趣了，这样的姑父再多几个该多好啊！

范文 3

我的奶奶

　　我的奶奶已经六十多岁了。她个子不高，胖胖的，一头短短的卷发，银黑交错。她有一双大大的眼睛，深深的鱼尾纹显出了奶奶的苍老。奶奶的手不像妹妹的手那样柔嫩，也不像妈妈的手那样光滑细腻，那是一双粗糙的大手，根根血脉清晰可见。可是年迈的她精神饱满，走起路来步伐矫健，说起话来底气十足，声音洪亮，特别有精气神。

　　奶奶非常热爱生活。假如你到我们家来，你肯定能看到，奶奶挪动着胖胖的身体，摆弄着她心爱的花花草草。不仅如此，奶奶还很时尚。虽然奶奶文化程度不高，但她学会了用手机发微信、听音乐、玩游戏。这就是我的奶奶，一个又爱生活又时尚的老太太！

【我来实践】

　　在我们的大家族中，有爸爸、妈妈、爷爷、奶奶、姥爷、姥姥……快选择一张全家福，和爸爸妈妈一起制作一个精美的电子相册吧！你要先给这个相册起个响亮的名字，如"我爱我家""相亲相爱的一家人"等。然后写一写每一位家庭成员的外貌特征。你可以把制作的电子相册与小伙伴们分享！

妙笔生花绘形态

我会读

1. 范文1是按照什么顺序介绍妹妹的外貌的?

A. 眉毛　鼻子　头发　眼睛　酒窝　脸蛋儿
B. 头发　眉毛　眼睛　鼻子　脸蛋儿　酒窝

2. 把搭配合理的词语连一连。

大大的　　　　嘴巴
高高的　　　　脸蛋儿
红扑扑的　　　鼻子
红润的　　　　眼睛

我发现小作者在描写妹妹的外貌时，抓住了妹妹头发、眉毛、眼睛、鼻子、酒窝的特点来写，这样使认识她的人看到这篇文章能猜出她是谁，不认识她的人也能想象出她的样子。

3. 读范文2，想一想：小作者在介绍姑父外貌时描写了哪些部位？

■ 身高　　■ 眉毛
■ 眼睛　　■ 鼻子
■ 肌肉　　■ 嘴巴

小作者并不是逐一介绍姑父的体态、五官的，而是抓住姑父最具特点的地方来描写，重点介绍了他的身高、肌肉、肤色，这样姑父高大、健康的形象就跃然纸上了。

4. 范文3中，小作者在写奶奶的外貌时，除了用眼睛观察，还调动了哪些感官参与观察了呢？读读下面的句子体会体会吧！

个子不高，胖胖的，一头短短的卷发，银黑交错。

奶奶的手不像妹妹的手那样柔嫩，也不像妈妈的手那样光滑细腻，那是一双粗糙的大手，根根血脉清晰可见。

奶奶说话也是底气十足，声音洪亮。

观察是想象、思维的基础，也是写好文章的前提。用心观察生活中的人、事、物，我们才能汲取写话的素材，才有内容可写。那怎样观察呢？

生活中我们常常用眼睛看周围的事物，除了用眼睛看，我们还可以用手摸一摸，用耳朵听一听。有的时候我们还可以用嘴尝一尝，用心去想一想。这样调动多种感官去感知事物，就叫作"用心观察"。你学会了吗？

我会说

要制作家族相册，先从介绍自己开始吧！

1. 你按照什么顺序介绍自己的外貌呢？快来说一说吧！

2. 你重点想介绍哪一部分？就在那一部分的下面画颗星吧！

> 身高　眉毛　眼睛　鼻子　嘴巴　脸蛋

3. 句子小提示：最有特点的是……
　　　　　　　因为……所以……

我会写

来写一写自己的外貌吧！别忘了重点介绍画星的部分哟！

【效果评价】

　　同学们，写好自我介绍后，可以读给长辈或者小伙伴听，并且和爸爸妈妈一起完成介绍家庭成员的电子相册。在整个实践活动中，你做得怎么样呢？快找来小伙伴和父母，让他们跟你一起为这次实践活动做一个星级评价吧。五颗星你能得几颗？

星级评价方案

评价者	能够积极参加此次实践活动，在活动中认真完成各项实践任务	学习作者的描写方法，能够运用学到的方法	对自己的外貌进行描写，字迹工整，语句通顺
自己	☆☆☆☆☆	☆☆☆☆☆	☆☆☆☆☆
伙伴	☆☆☆☆☆	☆☆☆☆☆	☆☆☆☆☆
家长	☆☆☆☆☆	☆☆☆☆☆	☆☆☆☆☆

注：优秀4~5颗星，良好2~3颗星，合格1颗星。

【阅读延伸】

我的博士爸爸

我的爸爸今年三十四岁。他身高一米八二，身材非常魁梧。爸爸戴着一副帅气的眼镜，颇有绅士风度。厚厚的镜片后面，便是爸爸那虽然小得像豌豆一样却充满智慧的双眼。

我的爸爸可不是个普通人，他是个博士！当然，这个博士不是轻而易举得来的。爸爸上完大学之后，当了几年老师，后来考上了研究生，又经过一年的拼搏，才考上了博士。

爸爸的考博之路，充满了艰辛与努力。爸爸的理想是上北京理工大学读博士。为了这个目标，他不分昼夜地学习。我家的书柜里满满全是书，爸爸都看过，有时为了找一条资料，他待在家里看书，一看就是几个钟头。找不到了，还要去市里的图书馆找。家务活全让妈妈包了。有时我想让爸爸陪我逛公园，或者去爬山。他总是跟我说"对不起"，为这事我可没少跟爸爸生气。他答应考上博士后一定好好陪我玩。

功夫不负有心人，经过一年的努力，爸爸终于以优异的成绩考上了他理想的学校——北京理工大学，他真的成为一个博士了。这可是一个天大的喜讯。

我为我有一个博士爸爸感到自豪。

爱学习的爷爷

  我的爷爷高高的个子,一头黑白相杂的头发,在他的额头上布满了深浅不一的皱纹,黑黑的脸庞上,一双大大的眼睛,显得格外慈祥。最值得我敬佩的是爷爷有"活到老,学到老"的品质。

  那天,我刚走进家门口,就被爷爷拉到书房,他拿出视如珍宝的英语书指着一个英语单词说:"好孙女,这个单词怎么读呀?"我顿时丈二和尚摸不着头,爷爷怎么向我请教起英语来了?真是太阳从西边出来了。一问才知道,原来最近小区里来了几个外国友人,爷爷为了不让我们中国人在外国人面前当哑巴,学起了英语。

  妈妈问奶奶:"老爷子怎么搞的,学起英语来了?"奶奶一听,气不打一处来,一吐为快:"今天说要出去买东西,买东西就买东西嘛!居然买了本英语书回来,你说气人不气人?"话音刚落,爷爷就急匆匆地跑进来,边跑边喊:"完了,完了。"我心里正纳闷,只见爷爷打开电视机,转到了17频道,流利而甜美的英语传入我的耳朵。原来,爷爷每天还准时收看《走进美国》的英语节目。

  这就是我的爱学习的爷爷,他是我学习的榜样。

介绍他和她

小朋友，你好！在你身边一定有你爱的老师，有你要好的朋友，他们与你一起畅游在知识的海洋，一起与你分享喜怒哀乐，他们给你的童年生活留下了非常美好的回忆。那么，你脑海中让你感到快乐的人都有谁呢？赶快写一写你心中的那个人吧。在你动笔以前，先读一读下面的范文，它会对你的写作带来一定帮助！

【范文欣赏】

范文1

我的好朋友

乍一看，她个子挺高的，身材很好，不胖也不瘦，是块跳舞的料。仔细一看，她留着齐耳短发，头上总是一左一右地夹着两只发夹。她的眼睛不大，细细长长的，一笑就眯成了一条缝。鼻子微微上翘，十分可爱。

范文2

小萝卜头

他脑袋大大的，身子小小的，走起路来一扭一扭的，我们都管他叫"小萝卜头"。

他每天早上总是第一个到达班级，为同学们把小椅子放下来。当同学们遇到困难的时候，他总是默默地帮助别人。每天都能看到他灿烂的笑容，我们都很喜欢他。这就是我的好朋友——"小萝卜头"。

范文 3

我喜欢的老师

我最喜欢的老师是王老师。她圆圆的脸上镶着一双亮光闪闪的眼睛。她个子不高，瘦瘦的，说话的声音像铜铃一样动听。尤其是她讲课的时候，总是那么生动有趣，让我们感受到学习的乐趣！

【我来实践】

小朋友，你的好朋友都有谁？你喜欢的老师都有谁？此时，你脑海中会不会涌现几个人的名字？你知道吗？在人生道路上，你会遇到很多似兄长的老师、似家人的朋友，把这些重要的人留在你的生命里吧！让我们一起制作一份"好朋友卡"。在卡片上你可以把好朋友的相貌画下来或者粘贴一张他的照片，旁边用文字简单介绍你的好朋友！

```
┌─────────────────────────────────────┐
│                      我的好朋友      │
│  ┌──────┐   ──────────────────────  │
│  │      │   ──────────────────────  │
│  │ 照片 │   ──────────────────────  │
│  │      │   ──────────────────────  │
│  └──────┘   ──────────────────────  │
│  好友姓名：_____                    │
│  生日：___月___日                    │
└─────────────────────────────────────┘
```

怎样介绍我的好朋友呢？

看看上面的范文，试着完成下面的习题，你就知道如何写你的好朋友了，快来试一试吧！

| 介绍他和她 |

我会读

1. 读了范文1之后,你能按照介绍的顺序画一画文章中的这位好朋友吗?

2. 读范文2，你会有不一样的收获。

我发现范文2也是按照一定的顺序写的。

对，它跟范文1恰恰相反，是先写脑袋大、身子小，然后总的说样子像"萝卜头"。这样的写作顺序是先（　　）再（　　）。

在范文2中，除了有一定顺序的外貌描写，你还有什么新的发现吗？

哦！我知道了，它不仅介绍了"小萝卜头"的外貌，还介绍了这个人在班级中喜欢帮助别人。

你观察得真仔细！在介绍人物时，描写外貌除了要按照一定的顺序之外，还要写一写人物的性格特点或者爱好等。这样我们就能更全面地了解他。

3. 范文3中，小作者在写老师的时候，也是按照一定的顺序写的，他都写了老师的哪些方面？请你在选项前面画"√"。

我会说

制作"好朋友卡片",先从身边的好朋友开始介绍吧!

1. 你按照什么顺序介绍你的好朋友呢?快来说一说吧!
2. 在写的时候你可以试着用以下的词语,它们会让表达更生动哦!

炯炯有神　和蔼可亲　神采飞扬　眉开眼笑　小巧玲珑

我会写

我的好朋友

照片

好友姓名:_____

生日:____月____日

【效果评价】

同学们，写好"好朋友卡片"后，可以读给长辈或小伙伴听，也可以把你所有"好朋友卡片"集成册子，做成"我的友谊档案"。在整个实践活动中，你做得怎么样呢？快找来小伙伴和父母，让他们跟你一起为这次实践活动做一个星级评价吧。五颗星你能得几颗？

星级评价方案

评价者	能够积极参加此次实践活动，在活动中认真完成各项实践任务	学习作者的描写方法，能够运用学到的方法	对他人的外貌进行描写，字迹工整，语句通顺
自己	☆☆☆☆☆	☆☆☆☆☆	☆☆☆☆☆
伙伴	☆☆☆☆☆	☆☆☆☆☆	☆☆☆☆☆
家长	☆☆☆☆☆	☆☆☆☆☆	☆☆☆☆☆

注：优秀4~5颗星，良好2~3颗星，合格1颗星。

【阅读延伸】

我的好朋友

我的好朋友叫杨柯，他写字很好，老师总是表扬他，称他为班里的"书法家"。他有一头乌黑的头发，一双水汪汪的大眼睛，一个小巧的鼻子，鼻梁高高的，一张小巧的嘴巴，他长得不高也不矮，不胖也不瘦。

他的学习很好，无论是哪个老师上课，只要老师一提问，他总是积极举手回答问题。他写字非常工整，横平竖直，真的很像一名"书法家"，他真是我学习的榜样呀！

他非常爱打羽毛球，每天晚上，我们都要在一起打羽毛球。他做每件事都很认真，不喜欢让别人打扰自己，当然也不喜欢打扰别人。有一次，我去他家写作业，他有一个妹妹，我写作业时小妹妹总是到我这里来，东瞧瞧、西瞧瞧，害得我都没心思写作业了，这时，坐在我旁边的杨柯看见了，马上给小妹妹找了一本好看的书，让妹妹看。你看，他遇到问题多会想办法呀！

"书法家"杨柯就是我的好朋友，你的呢？

我爱的老师

教我的老师数不胜数：爱讲故事的倪老师，平易近人的徐老师，温柔体贴的石老师……其中我最喜欢的要数庄老师了。

庄老师胖胖的，有一个大大的嘴巴，笑起来有两个深深的小酒窝。头发有点苍白了，额头上也有几道皱纹，显得和蔼可亲！

记得有一次写作文，我冥思苦想，半天才写了几个字。一旁的庄老师看到了走过来亲切地问我："杨弋闻是不是不会写呀？"我惭愧地点了点头。庄老师对我说："没关系，我教你吧！"庄老师俯下身把写作技巧和写作提纲，给我仔仔细细地又讲了一遍。回到家，我就按庄老师的要求一步一步写下去，这篇作文我居然得了五颗星，这让我高兴了好一阵子呢！在庄老师精心指导下，我们都写出了优秀的作文。

这就是我的庄老师——一位循循善诱的老师！

清楚明白写事情

生活丰富多彩，每天会发生很多事情：有高兴的，有伤心的；有发生在自己身上的，有发生在别人身上的；有的印象深刻让人忘不了，有的会很快忘记。无论如何，这都是一种体验。如果能用手中的笔记录下来，都将是未来美好的回忆！请你来赶快读读下面的范文吧！

【范文欣赏】

范文1

吃西瓜

夏日炎炎，小红来到爷爷的瓜地，一边大口大口地吃着又大又甜的西瓜，一边高兴地看着满地碧绿的大西瓜！

范文2

干家务活

吃完饭后,妈妈开始拿起笤帚扫地,清理垃圾。小军看见了,就拿起抹布帮妈妈擦桌子,妈妈开心地笑了。

范文3

奶奶笑了

一天傍晚,小明放学回家,看见奶奶正在院子里择菜。小明连忙放下书包,跑到奶奶身后,对奶奶说:"奶奶,您辛苦了,我来给您捶捶背吧!"听了小明的话,奶奶心里乐开了花,她高兴地说:"小明长大了,真懂事,真孝顺。"听了奶奶的表扬,小明开心地笑了。

【我来实践】

小朋友,在你身上也发生了不少的事情吧?都有哪些呢?如果记录下来就太棒啦！让我们现在开始学习写事情吧。

我会读

1. 范文1中小朋友叫什么名字，在做什么？请你选一选，说一说。

2. 再读范文2，完成下面习题。

（1）图中事情发生时间是（　　）。
　　 A.早上　　B.吃完饭后　　C.星期天
（2）连一连。
　　 妈妈　　　擦桌子
　　 小军　　　扫地、清理垃圾
（3）根据短文内容填空。
　　 妈妈（　　　）地笑了。

　　我发现写事情要写出谁、在哪、什么时间、做什么、心情怎样。写完一句话要用句号，如果句子太长了可以用逗号停一停。

　　写一句完整的话：什么时间+谁+在哪儿+做什么+心情怎么样。

　　图片上有两个人物在做家务，写话时应该写完一个人做的事情，再写另一个人做的事情，这样写既清楚又有条理。

3. 范文3中的句子变长了，小朋友你发现变长的秘密了吗？赶紧完成下面的题目吧？

（1）文中讲了（　　）和（　　）的事情。
（2）文中哪句话是小明说的？用"～～～"画出来。
（3）文中哪句话是奶奶说的？用"——"画出来。

写句子除了写出什么时间、谁、在哪、做什么、心情怎样之外，还可以写出人物说的话。有了对话，句子就更加清楚明白了。

当句子变长时，还要注意句子与句子之间的衔接。

我会说

学会了如何写一件事情，就从最近的事情写起吧。动笔之前先把你想写的事情说一说吧！注意句子要通顺，事情要清楚明白。

我会写

小朋友们，把刚才说的事情写在下面的田字格里，不会写的字可以用拼音代替。注意：标点符号也要占一个格啊。

【效果评价】

　　同学们，都写完了吧。先自己对照星级评价方案给自己评价吧，然后请伙伴和家长也来评价吧！五颗星你能得几颗？相信你会越来越棒哦！

星级评价方案

评价者	能够积极参加此次实践活动，在活动中认真完成各项实践任务	学习作者的描写方法，能够运用学到的方法	对自己的外貌进行描写，字迹工整，语句通顺
自己	☆☆☆☆☆	☆☆☆☆☆	☆☆☆☆☆
伙伴	☆☆☆☆☆	☆☆☆☆☆	☆☆☆☆☆
家长	☆☆☆☆☆	☆☆☆☆☆	☆☆☆☆☆

注：优秀 4~5 颗星，良好 2~3 颗星，合格 1 颗星。

【阅读延伸】

吹泡泡

　　星期天，小明约了小雪、飞飞到公园吹泡泡。公园里的景色真美！

碧绿的小草仿佛给大地妈妈铺上了一层绿油油的地毯，草地上还有几朵可爱的小花，三个小伙伴看得入了迷，好长时间才缓过神来。

开始吹泡泡了！小明一手拿着盛满了肥皂水的杯子，一手拿着吸管吹起了泡泡。五颜六色的泡泡从吸管里飞了出来，有大有小，大的像西瓜那么大，小的像黄豆粒那么小。形状更是可爱，有的三个连起来，像一个个蝴蝶结；有的两个连起来，像副大眼镜；有的挤在一起，像一颗颗大葡萄；还有的排成一列，像一串串糖葫芦……小雪和飞飞看得入了迷，踮起脚尖去捉泡泡、拍泡泡，有趣极了！

太阳下山了，三个小朋友依依不舍地离开了公园。

扶盲人叔叔过马路

星期一下午，天气晴朗，小明高高兴兴地走在放学的路上。

正要过马路的时候，他看见旁边有一位戴着墨镜、拄着拐杖的叔叔也要过马路。然后他心里想："马路上的车辆来来往往的，盲人叔叔看不见，多么危险啊……"于是他对旁边的叔叔说："叔叔，让我扶您过马路吧？"叔叔笑着说："好孩子，真懂事。"说完，他就扶着盲人叔叔过马路。他和盲人叔叔过了马路，然后他和盲人叔叔说再见。周围的人们看到了，都为小明伸出了大拇指。

我看我听

在我们的身边,每天都会发生很多事情,有些是我们看到的,有些是我们听到的……细心观察,你会发现身边有趣的事情还真不少,如果能把我们看到、听到的趣事记录下来和大家分享,也是一件有意思的事。让我们一起来欣赏下面的范文吧!

【范文欣赏】

范文1

认真读书

春天来了,桃花开了,小红和小丽在校园里看书,瞧,她俩看得多认真啊!

范文2

丰收了

秋天到了,学校的山楂熟了。大哥哥大姐姐们一起摘山楂,有的负责采摘,一颗一颗地摘得真仔细;有的举着盒子,手伸得高高的,生怕山楂掉在地上。红红的山楂真好看,咬上一口酸酸甜甜的,大家一边摘一边享受着丰收的快乐,真开心啊!

范文3

我来帮忙

秋天来了，树叶落了，环卫老奶奶在路上扫树叶，小明看到了来帮忙。他一手拿着笤帚和簸箕，一手拎着垃圾袋，边走边说："奶奶，我来帮忙。"奶奶听了连声说："谢谢你，小朋友！"奶奶和小明都开心地笑了。

【我来实践】

小朋友们，你一定也看到、听到过许多事情吧？都有哪些呢？如果记录下来就太棒啦！让我们现在开始学习记录身边的见闻吧。

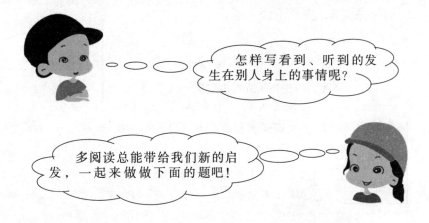

我会读

1. 范文1中小朋友叫什么名字，在做什么？请你选一选，说一说。

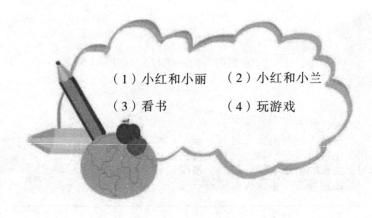

（1）小红和小丽　　（2）小红和小兰
（3）看书　　　　　（4）玩游戏

我发现要先确定是发生在谁身上的事情,可以先给故事的人物起个名字。

还要把是谁做的什么事情写清楚。

2. 再读范文2,完成下面习题。

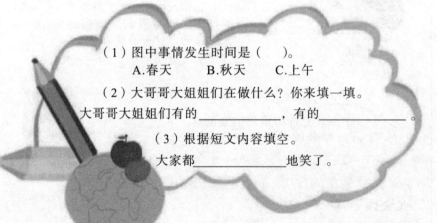

(1)图中事情发生时间是(　　)。
A.春天　　　B.秋天　　　C.上午

(2)大哥哥大姐姐们在做什么?你来填一填。
大哥哥大姐姐们有的＿＿＿＿＿＿,有的＿＿＿＿＿＿。

(3)根据短文内容填空。
大家都＿＿＿＿＿＿地笑了。

我发现记录别人的事情时,如果人很多,可以用同学们、大家,或者大哥哥大姐姐们等词语代替,不用一一起名字。

事情不但写出什么时间、谁、在哪、做什么,还可以写出心情怎么样。写的时候要注意:句子太长的要加上标点符号,没说完的话用逗号,特别开心的事情可以用感叹号。

做事情时同学之间有分工，写话时也应该写完一个人做的事情，再写另一个人做的事情，这样既清楚又明白。

3. 范文3中的句子变长了，小朋友你发现变长的秘密了吗？赶紧完成下面的题目吧？

（1）文中讲了（　）和（　）的事情。
（2）文中哪句话是小明说的？
　　　用"～～～"画出来。
（3）文中哪句话是奶奶说的？
　　　用"——"画出来。

写句子除了写出什么时间、谁、在哪、做什么、心情怎样之外，还可以写一写他们说了什么。

记录下他们说的话，会让事情更生动。当句子变长时，还要注意句子与句子之间的衔接。

我会说

学会了如何写一件事情，就从身边的事情写起吧。请你说一说，注意把事情说清楚，把句子说连贯。

我会写

小朋友们，把刚才说的事情写在下面的田字格里，不会写的字可以用拼音代替。注意标点符号也要占一个格啊。

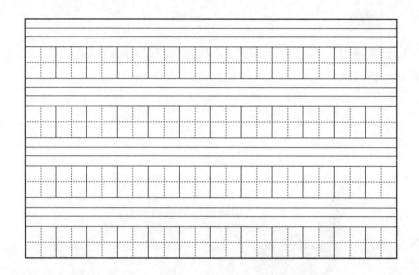

【效果评价】

同学们，都写完了吧。先自己对照星级评价方案给自己评价吧，然后请伙伴和家长也来评价吧！五颗星你能得几颗？相信你会越来越棒哦！

星级评价方案

评价者	能够积极参加此次实践活动，在活动中认真完成各项实践任务	学习作者的写作方法，能够运用学到的方法	字迹工整，语句通顺
自己	☆☆☆☆☆	☆☆☆☆☆	☆☆☆☆☆
伙伴	☆☆☆☆☆	☆☆☆☆☆	☆☆☆☆☆
家长	☆☆☆☆☆	☆☆☆☆☆	☆☆☆☆☆

注：优秀 4~5 颗星，良好 2~3 颗星，合格 1 颗星。

【阅读延伸】

爱观察的好孩子

　　星期天的早上，妈妈在晾衣服，小明趴在地上拿着放大镜观察蚂蚁。妈妈走过来生气地说："你趴在地上干吗呢？你这孩子真是的，刚洗完的衣服就弄得这么脏。"小明说："我在观察小蚂蚁呀，我发现蚂蚁有头、胸、尾巴三部分，它还有六条腿。"妈妈知道了小明趴在地上的原因，连连表扬小明，夸他是一个爱发现、爱观察的好孩子。

不要摘花

　　星期天，天气晴朗，小红和妈妈一起去公园玩儿。公园里的菊花开了，一朵朵菊花随风舞动，就像一双双小手在和游人打招呼，一阵阵的香气扑鼻而来，真是让人喜欢！小红看到了忍不住想伸手摘一朵花，妈妈看到了，连忙走过来说："小红，不能摘花，这些花是给游人观赏的，要做讲文明的好孩子，另外，花开得这么好看，如果你摘下它，它也会疼的。"听了妈妈的话，小红羞愧地低下了头，说："妈妈，我知道了，以后我一定好好爱护花草树木。"妈妈听了，夸小红是个知错就改的好孩子。

妙趣横生写自然

我们生于大自然，长于大自然，你认认真真地用眼睛去观察、用耳朵去聆听、用双手去触摸、用内心去感受过大自然吗？那歪歪斜斜的雨丝、那变幻莫测的云朵、那千姿百态的霜花、那虚无缥缈的晨雾、那纷纷扬扬的白雪……个个都美不胜收，现在，让我们一起去领略它们的风采吧！

【范文欣赏】

范文 1

小霜花

早晨，我洗脸的时候，看到窗玻璃上结满了霜花，它们都是白色的，奇形怪状，有的像花朵，有的像树枝，有的像焰火，有的像大山，还有的像小河……用手摸上去，凉凉的，松开手，窗上的小霜花就不见了，只剩下一片水迹。

哦，原来小霜花是空气里的水汽因为温度太低而凝结在窗玻璃上的"冰花"。

我喜欢小霜花。

范文 2

下雨了

天阴了,云低了,太阳躲起来了。

燕子掠过树梢,鱼儿跳出水面,蚂蚁交头接耳,说着悄悄话:"要下雨啦!要下雨啦!快搬家!快搬家!"

不一会儿,滴答,滴答,滴答滴答……小雨点儿落下来了!它落在地面上,像敲小鼓;它掉在池塘里,逗得池水笑出了花。抬头看天,小雨点连成一条条银线,被风一吹,歪歪斜斜,像喝醉了酒,又像在跳舞。

不一会儿,哗啦,哗啦,哗啦哗啦……小雨点汇聚在一起,变成小溪,在地上流淌。它冲干净了石阶,洗干净了操场,那一条条的柏油马路,变得溜光发亮。

范文 3

早晨的雾

早晨,我透过玻璃往窗外一看——啊,外面浓雾弥漫,一片白茫茫的,原来起雾了。

爸爸带我走在大路上，我发现雾里看景其实也挺美的。天地笼罩在白雾中，远处的山峦、房子躲在浓雾里，不出来；近处的花草、树木在浓雾中时隐时现，像在跟我们捉迷藏。路上的行人来来往往，有时只能听见他们杂乱的、时断时续的脚步声，只有在靠近的一瞬间，才能看清楚他们的面孔，等他们走过去再回头看时，他们的背影仿佛又进入了虚无缥缈的"仙境"之中……

到了九点多，大雾终于散了。

【我来实践】

小朋友们，霜、雨、雾、雪、云……都是大自然的精灵，你喜欢它们吗？仔细观察过它们吗？能不能先想一想，再写一写呢？

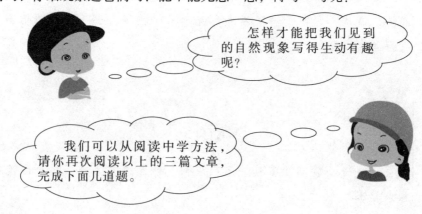

怎样才能把我们见到的自然现象写得生动有趣呢？

我们可以从阅读中学方法，请你再次阅读以上的三篇文章，完成下面几道题。

我会读

1. 范文1中的小朋友介绍了霜花的哪些方面?选一选,用"√"画出来。

颜色( )
形状( )
凉凉的感觉( )
形成原因( )

我发现小作者真会观察:"颜色、形状"这是用眼睛看到的;"凉凉的"这是用手触摸到的;霜花的形成原因应该是作者查到的相关资料。

哦,原来我们看到的、摸到的、查到的,或者是听到的、闻到的、想到的……这些内容都可以写进文章啊,这样文章内容就丰富多了,这下我们再也不用发愁没有内容可写啦!

小作者不但会观察,而且很会表达呢。他不但用上了"奇形怪状"这个四字成语,而且还用上了"有的……有的……有的……有的……还有的……"这样的句式,使得小霜花更可爱了。

2. 再读范文2，完成下面练习。

在括号里填上合适的词语，想象着读一读，看看眼前仿佛出现了怎样的画面。
天（　）云（　）太阳（　）
燕子（　）鱼儿（　）蚂蚁（　）

看，小作者观察得多细致！他看到了下雨前这么多事物跟平时都不一样，并且用生动形象的句子写出了下雨前这些事物的变化。

小作者不但观察细致，还很会想象。你瞧，蚂蚁会交头接耳，正说着悄悄话："要下雨啦！要下雨啦！快搬家！快搬家！"这样的小蚂蚁跟我们人一样，能交流、会思考，多么有创意的想法啊！小作者将看到的和想到的结合在一起，使得笔下的小蚂蚁太招人喜欢啦！

像这样的句子太多了，我最喜欢的是描写雨中美景的词句："像敲小鼓""笑出了花""像喝醉了酒，又像在跳舞"。读着这些充满想象力的词句，我也不禁变得和作者一样喜欢下雨天了！

"滴答，滴答，滴答滴答""哗啦，哗啦，哗啦哗啦"，这些表示声音的词语，我也喜欢，读起来是那么美妙。再读一读文中带有这样词语的句子，耳边也不禁回响起了"滴答滴答、哗啦哗啦"这美妙动听的雨声了。

看来，让表示声音的词语走进句子，这样句子也能发出悦耳的声音啦！

我还发现了一个秘密，虽然是写雨景，但作者却从下雨之前动物们的表现写起，通过燕子、鱼儿、蚂蚁的行为表现为下雨做好了铺垫，让人们迫不及待地迎接这场雨的到来！这种写法也值得我们好好学习。

3. 范文3按什么顺序写的？

先写（　　）
再写（　　）
最后写（　　）

作者先写起雾，再写雾中美景，最后写雾散，这和我们平时观察到的下雾的情景是一样的，他是按照景物变化的先后顺序写的，条理多清楚啊！

我会说

云、雨、雪、霜、雾都是大自然的精灵,你喜欢它们吗?你和它们之间发生过哪些故事呢?先想一想,再说一说吧。

(1) 你最喜欢什么样的天气?
(2) 这种天气的有趣之处在哪里?
(3) 在这种天气里发生过什么好玩的事情?

我会写

小朋友,赶快把你刚才说的内容工工整整地写在下面的横线上吧。不会写的字可以写拼音,注意一定要把句子写通顺呦!

_____
_____
_____

【效果评价】

同学们,都写完了吧?先自己对照星级评价方案给自己评价,然后请小伙伴和家长也来评价吧!五颗星你能得到几颗?相信你会越来越棒哦!

星级评价方案

评价者	能够积极参加此次实践活动,在活动中认真完成各项实践任务	学习作者的描写方法,能够运用学到的方法	对自然现象进行描写,字迹工整,语句通顺
自己	☆☆☆☆☆	☆☆☆☆☆	☆☆☆☆☆
伙伴	☆☆☆☆☆	☆☆☆☆☆	☆☆☆☆☆
家长	☆☆☆☆☆	☆☆☆☆☆	☆☆☆☆☆

注:优秀4~5颗星,良好2~3颗星,合格1颗星。

【阅读延伸】

如果我是一片雪花

作者:金波

如果我是一片雪花,
你猜,我会飘落到什么地方去呢?
我愿飘到小河里,
变成一滴水,
和小鱼小虾游戏。
我愿飘到广场上,
堆个胖雪人,
望着你笑眯眯。
我更愿飘落在妈妈的脸上,
亲亲她,亲亲她,
然后就快乐地融化。

小 雨 点

  小雨点沙沙地落下来,谁也没有注意它。小雨点觉得自己太平凡了。
  湖里有许多绿色的荷叶。在一片荷叶上有两只青蛙,正在兴致勃勃地谈论着。一只青蛙说:"你注意到没有,小雨点是个了不起的画家,在水面上画了许多圆圈,一个圆圈套一个圆圈,我怎么也看不厌。"
  另一只青蛙说:"你注意到没有,小雨点是个了不起的音乐家,在荷叶上弹琴,奏出了多么悦耳的乐曲。你听,沙沙沙,嗒嗒嗒,我总是听不够。"

小雨点听见它们的谈话，知道自己看起来非常平凡，却也有了不起的地方。于是，它又"沙沙沙地"欢乐地落下来。

松鼠先生和第一场雪 （节选）

作者：（德）塞巴斯蒂安·麦什莫泽

山羊先生说，冬天很美很美。雪花从空中片片飘落，森林里的一切都会变成白色的。

一到冬天，松鼠先生就会呼呼大睡……这一次，他不想再睡觉了。他要等待第一场雪，等待冬天的到来！

可是，冬天却迟迟不来……

这可怎么办呢？松鼠先生想。这样下去的话，这个冬天又要被他睡过去了啊。

要想保持清醒吗？那就去清新的空气中活动活动吧！

松鼠先生开始在森林里上蹿下跳。他吵醒了树下的刺猬先生。

睡觉多没意思呀！

松鼠先生想，我一定要亲眼看到第一片雪花飘落下来……

两个小伙伴儿在一起，可就不容易睡着了。四只眼睛一起看，就绝对不会错过第一场雪了。

松鼠先生从来没有见过冬天的雪花，刺猬先生也一样。可是，松鼠先生仍然觉得很不放心！

这怎么能行？要想看到第一场雪，他们就不能睡觉啊。

但是，刺猬先生懒懒的，他可不想去清新的空气里活动……那么，还有比大声唱歌更好的办法吗？

是的，大声唱歌就不会犯困了！

最好能像水手那样，放开嗓门大声歌唱！

他们的歌声又惊扰了将要冬眠的熊先生。

熊先生想：没有冬天，就不会有雪花。没有雪花，松鼠和刺猬就不会安静下来。

可是，熊先生和他们俩一样，一到冬天就呼呼大睡，所以，他也从来没有看见过一片雪花呢！

白白的，湿湿的，凉凉的，软软的……山羊先生是这样形容那些雪花的。

什么？第一片雪花趁他们不留神的时候已经落下来了？

当四周都是雪花的时候，冬天早就已经来了？

于是，松鼠先生和他的伙伴们到处寻找第一片雪花。

白白的，湿湿的，凉凉的……

细观察　话景观

亲爱的小朋友，你好！家中或者学校里你最喜欢哪一处的景观呢？咦？它们是不是长得都不一样呢？有的形状各异，有的五颜六色，这些景观都是人们凭借想象建造出来的，对它们的颜色和形状进行细致观察就是写好人文景观的第一步。快先去看一看其他的小朋友是怎么写的吧！

【范文欣赏】

范文1

美丽的维吾尔族服装

放暑假的时候，我和妈妈一起到新疆玩，看到了美丽的维吾尔族服装。

维吾尔族是个爱花的民族。漂亮的花儿不仅开在沙土里，还盛开在他们的服饰上。金黄色的裙子好像一朵大大的鲜艳的花，裙子外边套着一件红色的小马甲，马甲上也盛开着粉色的、白色的花朵，在扣子的旁边还镶嵌着银白色的珍珠，在阳光下一闪一闪地发着光，实在是漂亮极了。而男生的衣服颜色就没那么鲜艳了，许多是咖啡色、暗红色的，上面有黑色的花纹，也非常有特色。

我多想每天都穿着这么漂亮的衣服啊！

范文2

我的小书架

在我的小屋里，有一个满腹经纶的"老师"，那就是我的好朋友——书架。

这个书架是去年妈妈特意去超市买的，它的身体又瘦又高，穿着橘黄色的衣服，显得很有风度。金色的阳光洒在我美丽的书架上，书架闪闪发光，像夜空中明亮的星星。书架最顶层的木板上有一个方形的支架，上面贴着一个商标，它是一个笑眯眯的娃娃脸，好像在对我说："你要像海绵一样吸收知识。"

书架的肚皮上放着我所有的书籍，琳琅满目：第一层是故事书、第二层是绘本、第三层是经典名著小学生作文等。我每天都会从上面拿出我需要的书来看，日复一日，我获取了许多新知识。

我要感谢你，我的小书架，是你带给我知识。带给我快乐。我爱我的小书架。

范文 3

校园里的"大铅笔"

我的学校门口有几支大大的铅笔，每天一进校门就能看到它们。远远地看去，红的、黄的、蓝的……好多种漂亮的颜色。走到近处一看，原来它们不仅颜色不一样，高矮和形状也不一样。有的像真的铅笔一样有尖尖的笔头，有的是高高的圆柱形，还有的有棱角。它们的颜色也是多种多样，红色的笔杆、蓝色的笔杆，它们围成半圆形包围着一本书，提醒着我们每天都要认真学习。

【我来实践】

小朋友,你喜欢画画吗?快拿出你的画笔把你在家中或者学校中看到的美丽景观画下来吧!画完后再写一写你观察到的形状和颜色。

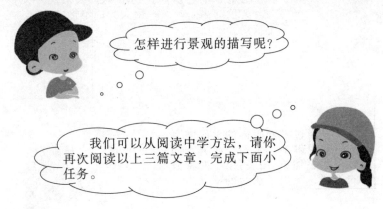

我会读

1. 范文1中的小作者是怎样描写美丽的维吾尔族服饰的?

小马甲　　金黄色的
花纹　　　红色的
珍珠　　　白色的
裙子　　　黑色的

　　我还发现,文中用了比喻句来写新疆姑娘的服装,把裙子比喻成一朵大大的花,这样一写,使我觉得这样的裙子真美呀,我也好想马上穿上它。你找到了吗?快来读一读:金黄色的裙子好像一朵大大的鲜艳的花。

　　作者通过男女服饰的对比描写,女士服装更鲜艳、美丽,而男士的服装色彩更加单一;写出了两种服饰的不同,突出了服装的特点。

3. 读范文2,想一想:小作者在介绍小书架时描写了书架的什么?

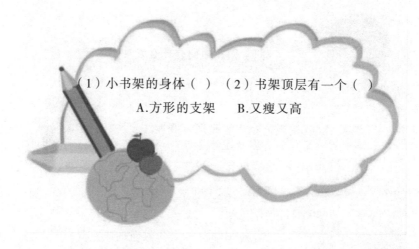

（1）小书架的身体（　） （2）书架顶层有一个（　）
　　　A.方形的支架　　B.又瘦又高

　　小作者并不是把书架的所有特征都描述得细致入微,而是抓住小书架的特点进行观察,对其形状、颜色以及功能进行描写。

4. 范文3中,小作者是通过什么顺序描写"大铅笔"的?

(1) 远远的看—走近了看—从上到下
(2) 走近了看—远远的看—从下到上

小作者是怎么样描写校园里的"大铅笔"的?

我发现,小作者是按照从远到近,从上到下的顺序来写的。

是的,我们写话、做事都要有顺序,这样才能介绍清楚。顺序的描写不只有从远到近、从上到下,还有从里到外、从四周到中间、从前到后,等等。

同学们,你还有什么发现吗?

我还发现,小作者用了"有的……有的……还有的……"这样的句式来描写。这样写可以让语句更生动,更能突出铅笔的特点。你学会了吗?

我会说

想要把美丽的它画下来,就要先仔细地观察,赶紧先来说一说吧!

1. 美丽的它在哪里呢?
2. 它的颜色和形状是什么样子的?(可以选用下面的词说一说)

> 白花花　　绿油油　　黄澄澄　　红彤彤　　黑乎乎
> 蓝幽幽　　金灿灿　　粉扑扑
> 蜿蜒　　盘曲　　环绕　　直立　　卷卷的　　粗壮的

3. 句子小提示:最有特点的是……;有的……有的……还有的……。

我会写

现在快来写一写吧,把美丽的它介绍给大家,可以用上面的词哟!

【效果评价】

　　同学们,写好后,可以读给长辈或者小伙伴听,并且和爸爸妈妈一起根据你所介绍的画一画它。在整个实践活动中,你做得怎么样呢?快找来小伙伴和父母,让他们跟你一起为这次实践活动做一个星级评价吧。五颗星你能得几颗。

星级评价方案

评价者	能够积极参加此次实践活动，在活动中认真完成各项实践任务	学习作者的描写方法，能够运用学到的方法	对自己的外貌进行描写，字迹工整，语句通顺
自己	☆☆☆☆☆	☆☆☆☆☆	☆☆☆☆☆
伙伴	☆☆☆☆☆	☆☆☆☆☆	☆☆☆☆☆
家长	☆☆☆☆☆	☆☆☆☆☆	☆☆☆☆☆

注：优秀4~5颗星，良好2~3颗星，合格1颗星。

【阅读延伸】

我家的月季花

我家的"小花园"里住着一个"白雪公主"，那就是迷人的月季。

月季，一年四季都开花。春天到了，各种花儿争先恐后地换上了新装，当然，月季也不例外。它的茎长着刺，像一个个小齿轮，叶子浸透了嫩绿色，在太阳的照射下犹如涂了一层厚厚的指甲油。古人云："红花虽好，还须绿叶相扶。"但月季就不同了，它开的花是嫩红色，阳光照耀合成了绿叶相映。月季花含苞欲放时像一个害羞的小姑娘，不敢露出脸来，用花瓣包住自己。当它含苞怒放时就会变成一个朴素大方的"辣妹儿"，顿时，它贪婪地吸收着春天的甘露，等花瓣吸住了养分，就会散发出花香，引来了"采蜜使者"。

它的美丽，它的优雅，它的姿态美化了我家的"花园"。

小猪存钱罐

在我房间的窗台上放着一只可爱的小猪存钱罐，它是用瓷做的，拍一拍就"啪啪"响。

我的"小猪"可真可爱！白白的身子上有几块斑点，红红的脸蛋，两只短短的耳朵，头上还戴着一顶棕色的帽子。眉毛弯弯的，两只眼睛

好像在看着什么，朝天翘的鼻子上有两个大大的鼻孔，很有意思。身子圆圆的像个大雪球。四条又粗又短的腿像四根矮柱子，稳稳当当地站着，细细的小尾巴紧紧地贴在屁股上。

每天，我和爸爸妈妈把省下的零用钱放进"小猪"后背的扁口中，让"小猪"每顿都"吃"得饱饱的。不到半年时间小猪存钱罐已经满了，要用钱时，只要把小猪肚子上的盖子打开，就能把钱拿出来了。

我喜欢我的小猪存钱罐！

童趣之中有喜爱

小朋友，你好！每个人都有自己心爱的物品。有的人喜欢小金鱼，有的人喜欢小白兔，有的人喜欢变形金刚，还有的人喜欢……从小到大你一定也有你喜欢的物品。都有哪些物品呢？给大家介绍你喜欢的东西，先要用眼睛仔细观察，接着加以想象，最后还可以调动其他感官来进行不同方面的介绍，这就是介绍心爱的物品的步骤。赶快读一读下面的范文吧！

【范文欣赏】

范文 1

小鸡黄黄

我家养了一只小鸡，我给它取名叫黄黄。小鸡黄黄的羽毛是金黄色的，就像一个金色的小毛球。黄黄的眼睛又圆又亮，像两颗黑宝石。它的嘴又小又尖，就像一把小钳子，是深黄色的。胖乎乎的身体上长着一对叶子似的翅膀，还有一双变色龙一样的爪子，爪子的颜色也是深黄的。我喜欢我的小鸡黄黄。

范文2

我的玩具小熊

我最喜欢玩具小熊了。它全身都是棕色的，两只耳朵拼起来正好是一个圆形。一双黑宝石似的眼睛闪闪发亮。但是它的眼睛一眨也不眨，感觉总在看着我做作业。倒三角形的鼻子是深棕色的。粗粗的脖子被围上了一条彩色横条的围巾，可暖和了。又肥又大的两条腿一天到晚都是坐在地上，可真有趣呀！

每天上学前，我会把小熊放在我的照片前面，好像我们一直在一起，这样小熊就不会感到孤独了。放学回来，我就会和它玩跳舞、唱歌的游戏。如果小熊身上脏了，我会马上把它洗得干干净净，然后把它放在太阳底下晒，等它一干，又可以跟它玩了。

啊，跟小熊一起玩游戏，我可开心啦！

范文3

可口的水蜜桃

我最爱吃的水果就是水蜜桃。成熟的水蜜桃个个有拳头大小，白里透粉，粉中带红。再配上一身小绒毛，那么好看，那么可爱，就像

含羞的小姑娘。拿一个，闻一下，有一股特别的清香；剥开那薄得像张纸的皮，咬一口，甜津津的汁水直往口中流。真是吃到嘴里，甜到心里。

【我来实践】

你喜爱的物品一定很多吧，小动物、植物、玩具、美食、文具……快选择一件，用家里的各种豆子粘成一幅画吧！制作完成后你就可以小伙伴们分享啦！还要向大家介绍你心爱的物品哦！

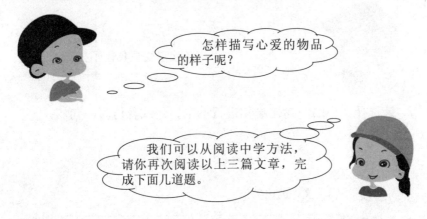

我会读

1. 范文1都观察了小鸡身体的哪些部位？还描写了哪些颜色？

身体部位：（　）（　）（　）（　）（　）
颜色：（　）（　）（　）（　）

小伙伴们,你们有什么发现吗?

我发现,小作者运用了看+想的方法,文中运用了比喻句。

是呀!小作者还把颜色写得很丰富,这就让事物更具体了!

2. 请选择文中的一句比喻句进行填空,并试着仿写一句。

（1）文中的比喻句:_____

（2）仿写你喜欢的小动物的比喻句:_____

我发现小作者在描写小鸡样子的时候,把小鸡的身体部位写得很细致,并且运用了大量的比喻句加以想象。这样使读到这篇文章的读者,就能在脑海中浮现小鸡的样子。我们在写的时候也要认真观察。

3. 读范文2，请选择小作者在介绍玩具小熊时描写的部位。

4. 范文3中，小作者在写喜欢吃的水蜜桃的时候，除了用眼睛观察，还调动了哪些感官参与观察呢？请你在文中用横线画出你发现的句子体会体会吧！

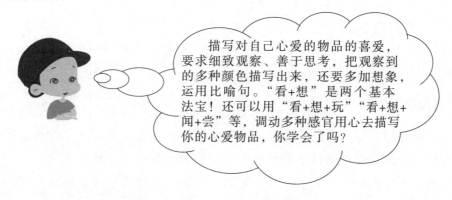

我会说

要制作心爱之物的粘贴画，先从介绍开始吧！

1. 你都观察了物品的哪些部位？具体说说各部分的颜色。快来说一说吧！

2. 你还能调动你的其他感官来描述你喜欢的事物吗？在下面选一选。

> 眼睛（看）耳朵（听）手（摸）嘴巴（尝）
> 鼻子（闻）

3. 提示：多运用比喻句。
   写写自己的心情。

我会写

来写一写自己的心爱的物品吧！

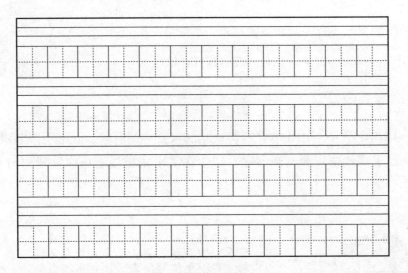

【效果评价】

　　同学们，写好看图写话后，可以读给长辈或者小伙伴听，并且和爸爸妈妈一起完成介绍自己心爱物品的粘贴画。在整个实践活动中，自己做得怎么样呢？快找来小伙伴和父母，让他们一起为这次实践活动做一个星级评价吧。五颗星你能得几颗？

星级评价方案

评价者	能够积极参加此次实践活动，在活动中认真完成各项实践任务	学习作者的描写方法，能够运用学到的方法	对心爱的物品进行描写，字迹工整，语句通顺
自己	☆☆☆☆☆	☆☆☆☆☆	☆☆☆☆☆
伙伴	☆☆☆☆☆	☆☆☆☆☆	☆☆☆☆☆
家长	☆☆☆☆☆	☆☆☆☆☆	☆☆☆☆☆

注：优秀4~5颗星，良好2~3颗星，合格1颗星。

【阅读延伸】

我有一个洋娃娃

"啊，她好可爱！""哇，她真漂亮呀！"每当好朋友们看到我的洋娃娃时，都会情不自禁地赞叹。

看，她粉红色的脸庞，高耸的鼻梁，长长的睫毛像两道黑弧嵌在水灵灵的大眼睛上，樱桃似的小嘴微微翘起，显得俏皮而活泼。再看，一头金黄的秀发披在身后。仔细瞧瞧，她身穿一件粉色的连衣裙，腰间还系一根白色蝴蝶结。远远望去，活脱脱一个小洋美人，真是人见人爱呀！

我爱吃的火龙果

在水果家族中，火龙果是我的最爱。

火龙果的外表是椭圆形的,颜色以桃红色为主,上面长着很多像刺一样的小角。远看火龙果,就像巨龙吐出来的火球。把火龙果切开,就会露出像芝麻一样黑色的种子,还有乳白色的果肉,很别致。吃上一口,香香的、甜甜的,让你真是越吃越想吃。

我喜欢火龙果的漂亮外形,更喜欢它的味美多汁。小朋友们,快买几个品尝品尝吧,你一定也会喜欢的。

展开想象编童话

童话世界是一个美丽的世界,童话中充满了丰富多彩的幻想,可以带我们进入一个快乐的世外桃源。那离奇有趣的情节,那活泼生动的语言带我们认识了一个个纯真快乐的小伙伴,仿佛和他们一起走进了五彩斑斓的梦境,受到真善美的熏陶。让我们一起徜徉在美妙的童话世界中吧!

【范文欣赏】

范文1

鸟　路

老奶奶住在一间小房子里。房子前面有一条笔直的小路通向森林。森林里住着许多鸟儿,它们都是老奶奶的好朋友。

每天,鸟儿飞来唱歌给老奶奶听,老奶奶撒下面包屑给它们吃。

瞧,白鸽飞来吃面包屑了。啊,笔直的小路上都是白鸽,小路仿佛盖上了雪白的棉被。

　　白鸽飞走了,乌鸦飞来了。老奶奶又撒了许多面包屑。啊,那么多乌鸦站在小路上,小路就像一条黑亮的丝带。

　　傍晚,天边出现了彩霞,飞来了彩色的芙蓉鸟,它们好像是从云朵中变出来的。一边笑着,一边落在小路上吃老奶奶撒下的面包屑。这时候,小路变成了美丽的彩虹。

范文2

谁住顶楼

　　新楼房盖好了。

　　谁住顶楼呢?大家想,反正老牛爷爷年岁大,行动不便,不能住顶楼。

　　小马自告奋勇地说:"我住顶楼,我爱跑步,身体好。"

　　"不行,不行。你脚步太重,会影响大家休息。"小兔子说,"还是让我住顶楼吧。我连蹦带跳,脚步也轻。"

　　"不行,不行。"小猴说,"你后腿长,前腿短,上楼容易下楼难,会摔跟头的。"

　　小狗说:"那我住顶楼吧,我走路轻快,没有声响。"

"不行，不行。"小马说，"你住顶楼，谁为大家守门看家呢？你应该住底楼。"

小猴挠挠腮帮子，想了想说："嘿，还是我住顶楼吧，我爱攀高，胆子也大。"

大家同意了。小猴住在顶楼，它从窗户上垂下来一根绳子，"哧溜哧溜"地上来下去，还把信件、报纸顺便捎给各家各户。

范文3

小河马的本领

森林里，大象用鼻子卷木头，小鸟快乐地歌唱，小猴子把自己倒挂在树上，可神气啦！只有小河马垂头丧气、没精打采。小河马说："我没有卷木头的鼻子，没有会唱歌的嘴巴，也没有像钩子一样的尾巴，我到底有什么本领呢？哎，我真没用。"

骆驼来找小河马，说："小河马，你和我一起去沙漠吧。"小河马想了想说："不，沙漠里没有水，我会受不了的。"

小松鼠来找小河马，说："小河马，你和我一起去采松果吧。"小河马想了想说："不行，我太胖了，爬不了树。"

一天，小兔要去河对岸采蘑菇，可是它没有办法过河，小河马看见了说："你坐在我的背上，我背你过河。"

小兔坐在小河马的背上，很快到了河对岸。它高兴地说："谢谢你，小河马，你的本领真大。"小河马奇怪地问："我的本领真的很大吗？""当然啦！"小兔说。

没过几天，小河马在河边搭起了一个"河马摆渡站"。

【我来实践】

小朋友们，这一个个童话故事有趣吗，你喜欢吗？你是不是也有很多童话故事呢？能不能先想一想，再写一写呢？

我会读

1. 范文1中的小路都像什么？

先写了小路像（　　）
又写了小路像（　　）
最后写小路像（　　）

| 展开想象编童话 |

小作者不但会观察，善联想，也很会表达呢。他不但用上了"笔直""雪白"等词语，而且还用上了"……盖上……；……像……；……变成……"这样的句子，使得小路更可爱了。

2. 再读范文2，完成下面练习。

读一读短文，想一想他们为什么不能住顶楼，填一填。

老牛因为（　）；

小马因为（　）；

兔子因为（　）；

小狗因为（　）。

看，小作者考虑得多周到呀！老牛年岁大，行动不便，小马脚步重，影响大家休息……这些动物的特点都被他观察到了，还写到了文章里。

小作者不但观察细致，想象的时候还能抓住小动物们的特点去设计故事情节。你瞧，他让灵活的猴子住顶楼，既不影响大家休息，也不会轻易伤害到它自己，还能为大家服务。小作者可太了不起啦！

是呀！是呀！想象就是要联系生活实际，抓住事物的特点呀！在第一篇范文里，不也是抓住乌鸦黑的特点，写出了小路像黑亮的丝带吗？这样的想象才合情合理嘛！

我还发现小作者的一个厉害之处。他让这些小动物说话，在对话中就把谁不能住顶楼交代清楚啦！让我们越读越爱读，听着他们叽叽喳喳地说着自己的想法，多有意思呀！

看来，用人物的对话也可写出有趣的童话故事啦！

3. 范文3都写了哪些方面的内容？

先写＿＿＿＿＿＿＿＿＿＿＿＿；
再写＿＿＿＿＿＿＿＿＿＿＿＿；
最后写＿＿＿＿＿＿＿＿＿＿＿＿＿。

小作者先写小动物们都有自己的本领，再写小河马觉得没本领垂头丧气，最后写小河马帮助小兔过河，找到了自己的本领，建起了"河马摆渡站"。其实童话故事也都是按照事情发展的先后顺序写的，条理多清楚啊！

对，写文章要有顺序，先发生的事先写，后发生的事后写，这样的文章别人才能看懂。

小作者在安排文章时真的很用心。你看，生活中有不少小河马这样的小朋友，他们总觉着别人比自己好，不自信，其实每个人都有自己的优点。写童话也得联系生活呀！它也在讲我们生活中的故事。

就是！就是！童话是人们对美好生活的向往，是真善美的体现。你看《鸟路》写出了老奶奶与鸟儿们和谐共处的画面，《谁住顶楼》写出了邻居间的关爱，《小河马的本领》让我们知道，这个世界上的你，可是独一无二的，一定有着别人都无法比拟的长处！

我会说

1. 请你认真观察，展开想象，说一说这些可爱的云像什么。

2. 小蝴蝶和小蜜蜂之间还发生一件有意思的事情呢，请你抓住特点，联系生活，展开想象，说一说横线上的内容。

小蜜蜂和小蝴蝶

在一个炎炎夏日里，小动物们都在家里乘凉，一只只小蜜蜂们依然辛勤地劳动着。

一群蜜蜂在花丛里勤劳地采着花蜜，它们采花蜜的时候，一只美丽的蝴蝶在蜜蜂身边，飞来飞去。蜜蜂们一直视而不见。蝴蝶被激怒了，飞到一只蜜蜂面前对他说："＿＿＿＿＿＿＿＿＿＿＿＿＿＿＿＿＿＿。"小蜜蜂说："蝴蝶小姐，你是很美丽，可是你现在不准备食物到了冬天可能会饿死、冻死，所以我劝你快点准备食物吧！"说完蜜蜂又低着头采花蜜了，蝴蝶愤怒地说："＿＿＿＿＿＿＿＿＿＿＿＿＿＿＿＿＿＿。"

时间过得真快，转眼夏天过去了，秋天也很快地过去了。冬天来了，蝴蝶又冷又饿而蜜蜂睡在粮食上很舒服。

我会写

童话故事除了写自然现象、小动物以外，还可以写文具、工具、身体器官……只要你认真观察，抓住它们的特点联系自己的生活体验进行合理的想象，按着事情的发展顺序就一定会写出美好有趣的故事。你会选择什么来写？试一试吧！

_____
_____
_____
_____
_____
_____
_____

【效果评价】

同学们，都写完了吧。先自己对照星级评价方案给自己评价吧，然后请伙伴和家长也来评价吧！五颗星你能得几颗？相信你会越来越棒哦！

星级评价方案

评价者	能够积极参加此次实践活动，在活动中认真完成各项实践任务	学习作者的描写方法，能够运用学到的方法	展开合理的想象写出自己的童话故事，字迹工整，语句通顺
自己	☆☆☆☆☆	☆☆☆☆☆	☆☆☆☆☆
伙伴	☆☆☆☆☆	☆☆☆☆☆	☆☆☆☆☆
家长	☆☆☆☆☆	☆☆☆☆☆	☆☆☆☆☆

注：优秀 4~5 颗星，良好 2~3 颗星，合格 1 颗星。

【阅读延伸】

多彩的贺卡

森林送给我绿色的贺卡，那是一片碧绿的树叶。森林祝愿我，像树苗一样茁壮成长，每一片叶子，都是快乐的歌……

蓝天送给我蓝色的贺卡，那是一朵洁白的云彩。蓝天呼唤我，把白云当作翅膀，变成一只飞翔的白鸽……

大海送给我蓝色的贺卡，那是一枚蓝色的贝壳。大海嘱咐我，把贝壳变成一只小船，迎着风浪，把宝藏收获……

太阳送给我红色的贺卡，那是红霞闪闪烁烁。太阳希望我，在阳光下长大成人，把智慧献给亲爱的祖国！

大蘑菇房子的故事

大蘑菇房子是谁的？大蘑菇房子是怎么来的？让我们一起来看看吧！

雨停了，绿茵茵的草地上，悄悄地钻出了一个大蘑菇。

小蚂蚁出来散步，看见了这个大蘑菇，它说："要是能住在里面该多好呀。"可是，怎样才能把大蘑菇变成房子呢？小蚂蚁急得团团转！

这时，一只花花鸡跑来了，说："我来帮你吧。"它用尖尖的嘴巴啄呀啄，白白的蘑菇柄上就出现了一个小楼梯。

接着，一只黄黄鸭跑来了，说："我来帮你吧。"它用扁扁的嘴巴啄呀啄，白白的蘑菇伞上就出现了小厨房和小卧室。

小蚂蚁高兴极了。它对花花鸡说："谢谢你！"它又对黄黄鸭说："谢谢你！"

蜘蛛开店

作者：鲁冰

有一只蜘蛛，每天蹲在网上等着小飞虫落在上面，好寂寞、好无聊啊。

蜘蛛决定开一家商店。卖什么呢？就卖口罩吧，因为口罩织起来很简单。

于是，蜘蛛在一间小木屋外面挂了一个招牌，上面写着："口罩编织店，每位顾客只需一元钱。"

顾客来了，是一只河马。河马嘴巴那么长，口罩好难织啊，蜘蛛用了一整天的工夫，终于织完了。

晚上，蜘蛛想："还是卖围巾吧，因为围巾织起来很简单。"

第二天，蜘蛛的招牌换了，上面写着："围巾编织店，每位顾客只需一元钱。"

顾客来了，只见身子不见头。蜘蛛向上一看，原来是一只长颈鹿，它的脖子和大树一样高，脑袋从树叶间露出来，正对着蜘蛛笑呢。

蜘蛛织啊织，足足忙了一个星期，才织完那条长长的围巾。

蜘蛛累得趴倒在地上，心里想："还是卖袜子吧，因为袜子织起来很简单。"

第二天，蜘蛛的招牌又换了，上面写着："袜子编织店，每位顾客只需一元钱。"

可是，蜘蛛看到顾客后，却吓得匆忙跑回网上。原来那位顾客竟是一条四十只脚的蜈蚣！